U0799746

【南都娱乐周刊丛书】华语影坛名流访谈录

南都娱乐周刊 著

对白

南方日报出版社
NANFANG DAILY PRESS
中国·广州

图书在版编目（CIP）数据

对白 ： 华语影坛名流访谈录 / 《南都娱乐周刊》著.
— 广州 ： 南方日报出版社, 2013.8
ISBN 978-7-5491-0892-3

Ⅰ. ①对… Ⅱ. ①南… Ⅲ. ①电影业－名人－访问记－中国－现代 Ⅳ. ①K825.78

中国版本图书馆 CIP 数据核字(2013)第 156712 号

DUIBAI
对白——华语影坛名流访谈录 《南都娱乐周刊》 著

出版发行：南方日报出版社
地　　址：广州市广州大道中 289 号
电　　话：（020）83000502
经　　销：全国新华书店
印　　刷：广东信源彩色印务有限公司
开　　本：32 开
印　　张：9.75
字　　数：260 千字
版　　次：2013 年 8 月第 1 版
印　　次：2013 年 8 月第 1 次印刷
定　　价：28.00 元

投稿热线：（020）83000503　读者热线：（020）83000502

网址：http://www.nfdailypress.com/

发现印装质量问题，影响阅读，请与承印厂联系调换

目 录

第二辑　宝岛力量

第三辑　血色青春

序一　娱乐就是一种修行

知名传媒学者、中山大学传播学院副教授张志安先生曾经在微博上发帖：“中国人的枕头底下不妨时常放本《南都娱乐周刊》。它，消费娱乐，又记录时代；追逐惊悚，又探求真相。娱乐至死不可怕，意识麻醉更可悲。今天翻了这期五周年专集，一本绝佳的娱乐报道教科书。若提建议：把明星当普通人写，把娱乐当成政治来想，让最煽情的故事都透着悲悯和理性。”这感受与评价，与2007年《南都娱乐周刊》获得中国新锐榜年度媒体荣誉的获奖理由有异曲同工之妙。主办方当时的评价是：“它是当代中国最具报道深度的娱乐供应商，也是中国名利现场目击证人。它深入娱乐工业，解密星路奇缘，传递时尚趣味，不弃文化关怀。在名人私隐与公众知情权、八卦与游戏精神之间，它拥有近乎精准的节奏感。”

感谢这些知音慧眼识珠，能够穿越这些年来笼罩在《南都娱乐周刊》之上的“八卦”面纱，触摸到隐匿于主创团队骨髓深处的人文情怀与现实关切。作为杂志主编，我一再说，办刊的意义，不仅仅在于为公众提供信息、厘清真相、传播观念，更大的价值在于激发、唤醒一种阅读需求，并通过这种需求为自己寻找同类、为公众寻找知音搭桥铺路。而在《南都娱乐周刊》创办之前，内地兼顾娱乐工业与大众趣味之间的娱乐杂志几近断档，我们是在几乎空白的市场上艰难并谨慎地探索、塑造着专业娱乐媒体的品质与品相、内涵与外延。

我一直认为，娱乐新闻是突发新闻、社会新闻、深度报道和人物报道、文化报道的综合体，被戏称为“狗仔”的娱乐记者，其实是最具敬业精神的新闻人。正因为喜欢娱乐是人的天性，娱乐媒体不仅是舒缓个人压力、消解社会情绪的减压阀，更是传道解惑的软载体。娱乐，是我们和现实对话最亲切的手段，以娱乐的方式思考，我们也更容易理解人生的意义、生命的价值。就此而言，娱乐杂志的社会价值并不比时政杂志逊色。

好的娱乐杂志，绝对不是低俗八卦的代名词，而是一个民族最朴素的文化表达，最真切的审美呈现。优秀的娱乐报道，不仅能触动人性最隐秘的共鸣，还能够传递娱乐产业的善意与温情，更能够烛照当下生态与时代变迁。

为多元现实祛魅，替流行文化截图，帮娱乐工业助威，是《南都娱乐周刊》的愿景与使命。

我一再强调，娱乐离不开八卦消息，但八卦绝对不是娱乐媒体的全部；明星艺人的绯闻、恋情值得关注，但他们的表演能力、艺术追求和社会责任感更值得关注。《南都娱乐周刊》一直以独立姿态揭秘、梳理娱乐圈复杂的生态关系，同时也对迸发文化创造力的各类作品擂鼓助威，更对明星的公益慈善行动褒扬传颂。

一句话，《南都娱乐周刊》一直努力以柔软而新锐的姿态，传递着温润人心的正能量。

这次，我们将刊物中三个常设栏目《百家讲坛》、《时事开讲》和《返潮》的内容精选结集出书，就是对这种努力的集中延续与闪亮呈现。

《百家讲坛》，纵说明星风云际会人生，横看娱乐跌宕起伏脉络、拨云散雾，抖落轻浮浅俗的八卦笑料；推窗见月，还原酸甜苦辣的娱乐真相。我们费尽心思请来150多位娱乐大家，面对面口述对话，重构历史与娱乐之间的重与轻，梳理辉煌与散淡之间的得与失，在这些明星大腕的亲历与缅怀背后，构建的是一部更真实生动的娱乐史。

《返潮》栏目，关注的是近30年来逐渐从我们的生活与记忆中淡出的曾经的商品名牌，这个策划其实体现了《南都娱乐周刊》独特而细腻的现实关怀。30年，不过是历史一瞬，却足以留存一代人的成长记忆，从改革开放之初商品的寥寥无几到如今名牌琳琅满目，从简单到奢华，我们仿佛历经了几个世代，从几毛钱的雪花膏到万元的精华液，从永久自行车到宝马奔驰。那些包装古朴陈旧的居家用品，就像卖货郎走街串巷的黑白记忆，显得亲切可爱起来。《返潮》栏目就试图恢复这种快速时间运转下被遗忘的童年、少年记忆，当那些贝壳油、话梅糖、黑白电视剧、缝纫机、蜡笔、海魂衫……一样样在版面上展现，你一定能感受到岁月的回流，时间的凝固！现在这些老物件被我们重新包装，拍成精美的图片结集出版，在反抗遗忘的意义之外，却也焕发出新鲜的时尚感！

《时事开讲》其实就是针对各种娱乐新闻的热议酷评，角度刁钻，行文灵趣，或激扬挥斥，或皮里阳秋，嬉笑怒骂间，水落石出，见血封喉。他们的文字，见娱乐精神，也隐藏着解开娱乐真相的另一种密码，留待有心者去会心破译吧。

在《南都娱乐周刊》五周年特辑中，我写了一个题为《娱乐是最通俗的诗意》的前言，认为有娱乐精神的人是最幸福的，而创办娱乐杂志，就是为提高人们日常生活的幸福指数而“修行”，希望这套丛书，能够得到你们的喜爱，让我们一起修行！

《南都娱乐周刊》总编　陈朝华

序二　怀念

在我的心里，我的梦里，我的歌声里。

音乐是天给的，地上的一切声音：海潮、鸟鸣、伐木或是呻吟，都不是音乐。

音乐是天给人心的暗示，证明人有灵魂，是唯物主义绕不过去的沟坎。

世界上有许多民族没有文字，但每个民族都有音乐。

人们千山万水相隔，语言文字迥异，所以诞生了翻译这个职业。但世界每个角落的音乐都能互通，不需要翻译。

每当想到这些，我就觉得，生活在一个没有音乐版权的国度里也算合理，因为音乐如同天气一样，是天给的，老天爷的版权。

我们行里常说：好歌是天把着手写的，破歌是自己写的。

有人与天结缘，被天把着手写出一段段自己都难以复制的曼妙。五体投地。

行里又说：能唱歌糊口，是祖师爷赏饭吃；能抚慰千百万人的心灵，是老天爷赏饭吃。

老天爷吝啬，不常布施，所以，好歌和好声音不常有，要等待，要怀念。

下面开始怀念……

音乐人　高晓松

第一辑
香港沉浮

吴宇森

1946年生于广东省，4岁随家人迁到香港，19岁开始拍摄实验短片。25岁作为助理导演开始正式拍片。27岁独立执导了影片《铁汉柔情》，1983年后他执导了《英雄本色》《喋血双雄》《纵横四海》《喋血街头》《辣手神探》等片。1993年开始，吴宇森打入好莱坞，执导的《终极标靶》《断箭》《变脸》《风语者》等，相继取得成功。至此，吴宇森从一种武打风格电影的开创者华丽转变为扬名国际的华人导演。无论是早期的《英雄本色》、《纵横四海》，还是20世纪90年代打入好莱坞后拍摄的《变脸》、《风语者》，他都成功地向全世界输出中国文化元素，他在片场指挥的场景也成了无数后辈导演的精神力量。

★商业电影一代宗师

吴宇森：我并没有以暴力来哗众取宠

他更像一个传递者，他总试着将东西方文化交汇，东方人的情感，西式的英雄主义情怀，在电影中交织出直指人心的故事，创作出雅俗共赏的作品。

商业和艺术，常在电影界水火不相容，叫好叫座，成为几乎每位导演所向往的至高境界。吴宇森曾体验到这美妙境界，他见证香港电影的最佳光景后，又成为在好莱坞最成功的华人导演。然而，他在海外扬名后又回归国内，大胆拍摄出备受争议的《赤壁》。他步履不停，时而有新动作，无论何时，吴导豪情始终在胸。

基督徒的暴力美学观

“我将心声放在《英雄本色》的对白中，让周润发帮我将感受演绎出来”

这掺杂浪漫的英雄主义，独创出暴力世界的华美，令吴宇森被誉为暴力美学大师。这像是一种反差，吴宇森是一名基督徒，早年更就读于教会学校，精读了许多神学著作，因此他的电影中有枪战有鲜血，更有白鸽、圣母的圣洁形象。20世纪80年代，一部《英雄本色》开创了一个新的枪战片类型，吴宇森也凭此片咸鱼翻身，吐气扬眉，荣获金马奖最佳导演，并提携了当年失意的张国荣以及被称作“票房毒药”的发哥，至今被传为一段佳话。

南都娱乐：当初为何选择了商业片的道路，有没有想过拍摄文艺片？

吴宇森：我是看艺术片长大的，也曾拍过实验电影，有很多电影大师我都很仰慕，那时和现在的年轻人一样，也有挣扎：到底是拍商业片还是艺术片？也有人说，你既然那么喜欢法国新浪潮代表费里尼，为什么不拍同样的戏？我觉得我崇拜一个大师，是崇拜他的精神，我并不一定要拍和他同样的戏，我也没有能力拍一样的戏，这个世界上只有一个费里尼。后来我慢慢发现，我喜欢动感，我喜欢舞蹈，因为我受歌舞片影响很大，再加上我从小就有一种情怀，很崇拜古代的那些侠客、仁人侠士，甚至是革命烈士，我钟情于这种侠义情怀，他们的故事都对我影响很大。我也很遵从一种人间的正义，侠客怎么去帮助人，我受这个熏陶很大，我觉得做人也应该是这样，用一种动感，把我想象过或经历过的激动人心的心绪表达出来，我想可以把动作片拍出美感。

南都娱乐：你在创作中渐渐找到了自己的擅长之处？

吴宇森：我认为每一个电影导演，都应该先认识到他自己的才华在哪里，虽然我自己喜欢看书，但更喜欢通过动感将我要的东西表达出来，不管别人是不是说我拍的是商业片，“你这个不是艺术，电影不应该是这样子的”，但电影根本就可以是任何的东西！所以我和年轻人讲，我们的电影要有个性，当你发现自己真正的个性的时候，你要去抓住它，不要怕人家说什么，你不要又想搞艺术，又想成名，你不要看见别人拍闹剧红，你也去拍。后来我就不怕别人说，我就是喜欢武侠的情节，因此把电影拍成武侠的味道，所以我在拍动作戏的时候，也是等于我在拍文艺片，拍感情戏，道理是一样的。动作是贯穿整个戏的主题，不像有些导演只是拍对白的戏，动作交给动作指导去导演，动作指导爱怎么拍就怎么拍，所以你会看出来，一个电影里会有两个风格，所以你也可以看到，怎么拍文绉绉的戏时，慢吞吞的，但是打戏时又很疯狂很快，这样就不能构成一个统一的理念。

南都娱乐：都称你为暴力美学大师，你却是一名基督徒，怎么看待其中的差异？

吴宇森：其实我是反暴力的，我没有那么暴力，我没有开过枪，没有打过人，小时候被流氓欺负，我才反抗一下。我的电影里没去渲染暴力。被人称为“暴力美学”，我也蛮喜欢的，可能他们是从电影的角度来给我这个称号。我的确是个基督徒，但现在是个不上教堂的基督徒，我感觉这个是和我的宗教信仰没有冲突的。在拍电影时，我是一个电影创作者，在去教堂时，我是基督徒，电影创作者有些话有时候是透过电影表达出来的。

南都娱乐：在你的《喋血双雄》、《英雄本色》中有许多“暴力美学”的经典演绎。

吴宇森：我拍戏的时候，是根据故事情节，根据人物、感受，创作动作电影，我有时候为了表达感受，会让动作激烈些。比如《喋血双雄》，故事是讲两个人虽然走不同的路，但他们有一些共同之处，他们本是一正一反，虽道不同但同样有着正义感，当他们为了救心爱的人而做出牺牲的时候，我就用强烈的画面来表达。他虽被认为是“坏人”，但是却有很崇高的情操，当杀手中枪的时候，我就剪接到一个鸽子飞过蜡烛的镜头；而我还剪接到一个圣母雕像的镜头，圣母在看着他，杀手看到她好像有了一种救赎，所以人家说我是“暴力美学”，我的暴力是有原因的，是用一种感受性去处理场面。当然其他一些动作我也拍得灿烂有美感，比如说我用慢镜头表达动感、浪漫的情怀。我并没有以暴力来哗众取宠，有机会要拍文艺片来证明自己。

南都娱乐：最初你在香港有一段时间很不顺利，你是怎么走出困境的？

吴宇森：我没上过大学，也不是科班出身。渡过难关我想有两个要点，一个是坚持，一个是朋友。在我最困难时，在被称为“票房毒药”时，1985年之前，有好几年我的电影都不卖座，一些电影没法拍，甚至有些朋友和我说我应该退出，因为我赶不上潮流。有的人叫我回家看录影带，看看现在流行什么就拍什么，这个令我的自尊很受伤害。虽然那些人的话让我感到很沉痛，但我还是很肯定自己的，我始终相信自己是一个好导演。另外也得到了徐克的支持，他听到别人这么说，也很生气，徐克是在我当红时他还没起来，我帮助过他；他成名时，变成我倒霉了，反过来他帮助我。他不光支持我拍《英雄本色》，还建议我将真的感情放在电影里，将我坚持的性格放在里面，当时的警匪片是没有人这么拍的。我将心声放在《英雄本色》的对白中，让周润发帮我将感受演绎出来，比如那里面的对白；“我永远都不会让人用枪指着我的头，那就是我的坚持！”“我等了三年，只为了这个机会，不是证明我很行，是证明我失去的东西我一定要把它拿回来！”里面周润发和兄弟间的感情，就是我和徐克的感情。

商业电影的游戏规则

“我觉得无论在哪里，都能拍出我心目中的电影”

《英雄本色》、《喋血双雄》之后，吴宇森并未留恋香港的辉煌，只身前往好莱坞发展，并顺利地在好莱坞完成了一系列作品的拍摄。其中《变脸》、《断箭》等都成为商业及口碑皆优的经典之作，艺术与商业并重的美誉令他成为影迷和投资人双重宠爱的“商业大师”，如何在商业环境中拍出自己想要的电影，吴宇森有自己的坚持。

南都娱乐：不少影迷认为你在好莱坞拍得最好的电影是《变脸》，你怎么看？

吴宇森：的确如此。那是因为刚好碰到好的公司，老板派拉蒙不给我任何的提议，他说，我只要一个吴宇森电影，其他都不要。大家都很惊讶，通常是老板会说我要这样这样，所以本来是一个科幻片，被我改成一个以人性为主的电影。所以说工作环境很重要，当然美国有着比较强烈的西方文化，无论是谁拍，只是加入了个人文化元素，是个不一样的美国片而已，到底美国是一个重要的市场，但要是让我回到自己的市场，感情得以回归，有熟悉的人，工作起来会感觉更好。

南都娱乐：相比好莱坞，内地、香港的电影工作环境各有什么不同？

吴宇森：我觉得无论在哪里，我都能拍出我心目中的电影。不同地区的工作环境有所不同，在香港或者内地，甚至在欧洲，都是以导演为主，导演是一切。但在好莱坞工作呢，哪怕是大导演，有时候也要听公司安排，商业片是这样，独立制片也是这样。你会经常有这种困扰，就很难做到很潇洒，这就是金钱和权力制约了你。还有就是好莱坞是个没有安全感的城市，一个总裁，如果他负责的电影不卖座，明天就会被炒掉，所以大家都变得很谨慎，背后还有些政治斗争。

南都娱乐：对于商业电影来说，用演员是不是更多偏向于商业考虑？

吴宇森：有时是，有时不是。所谓商业考虑，如果是一个投资大的电影，必定要注重海外市场，甚至是世界市场。如果你没有这么大的成本，就没有办法让工作人员去尝试一项新技术，所以很多事情环环相扣，当然戏的本身也要相对有保证。有时候外国的片商，说我喜欢某某，因为某某在他们的国家很卖座，我就会有这个考量。但他们也不会强迫，有时候对于某些提议，如果我说不，也就不。

南都娱乐：你的电影中经常大牌云集，大牌明星们个人特质又比较明显，是否会对电影本身带来伤害？

吴宇森：我通常是有了一个人物才选演员，不管他是大明星还是新人，另外我以往是喜欢和熟悉的演员合作，比如梁朝伟、周润发、张国荣等等，因为我对他们的性格、演技比较了解，拍摄时，我就想能不能把他的故事、我的故事融合起来。我也知道那些演员有特定的气质，他们也会想要一些改变。我想这对我的电影应该没有什么损害，比如说之前《赤壁》我找周润发演周瑜，他就会演出我心中的周瑜，不一样的周瑜，后来梁朝伟演，因为我了解他的个性，就改变成另外一个周瑜，这并不是为了迁就他。但我也承认有一两部动作片，由于演员影响而受了伤害。

融合现代价值观的新华语大片

“很多年轻人很沮丧、孤独，所以我就将《赤壁》拍成励志电影”

作为吴宇森回归华语界的首部电影，《赤壁》借助名著、名导的光辉，以及超多明星大牌的豪华阵容，引人注目。又因为迥异于原著的故事构架，明星们过于个人化的演出，因此成为不少观众及评论家口中“为一个女人发动一场战争”的故事，以及极度西化的“特洛伊式”历史电影。面对非议，吴导用自己独到的视角，解读商业历史电影的“必须”。

南都娱乐：从《赤壁》开始，你的工作重心似乎回到了中国，还会再回好莱坞吗?

吴宇森：其实我在拍《赤壁》的时候，已经决定将工作重心放在内地了，我在这里工作太愉快了！在这里拍戏就像从前在香港一样，工作上有创作上的自由，不受干扰，在这里导演就是一切！好莱坞的发展趋势很难有新的突破，他们的商业片也到了题材荒的时候，最近几年已经开始，不管是在亚洲还是在其他地方，只要看到哪个题材卖钱，好莱坞就拿来拍，而且他们注意到中国有好的文化遗产，比如《西游记》、《水浒传》，包括一些民间故事，他们都买过去做拍戏的题材。当然我在好莱坞还有公司，还有两三部西片在筹备中。其实这跟拍《赤壁》的时候一样，我推掉了五六部戏，因为我接下来都是以拍国语片为主，以在中国拍戏为主。

南都娱乐：向我们透露下你的新作吧。

吴宇森：接下来的影片叫《虎》，是讲第二次世界大战的时候，美国飞虎队和中国空军的故事。这是一个庞大的制作，同时需要大量的资金，才能把当年那个宏大的场面拍出来。演员以年轻人为主，会与很多新演员合作，我会选择18—25岁年龄层的演员，可能是一些从未合作过的新人，因为当年的飞行员都很年轻。这个片是中美合作，演员呢中国美国一半一半，是宣扬友谊、励志的电影。虽然不是所谓“暴力美学”的电影，但合乎我以往的风格：友情、正义、爱。

南都娱乐：这次的《虎》似乎又回归到过去擅长的主题，是因为上一部电影《赤壁》的不够成功吗？

吴宇森：我没觉得《赤壁》是失败，我认为是成功的，因为《赤壁》在国内有高票房的纪录，也得到蛮多年轻人的喜爱，虽然这个戏引起一些争议，比如说爱讲历史的，觉得戏不那么还原历史，其实到底谁读过历史？我觉得电影里很多内容都是从参考资料和历史里得来的，比如说我发现周瑜并不是一个小气的人，他除了有音乐天赋、人格魅力之外，也是一个很豁达潇洒的人。我拍电影的最大目的在于，要把观众带到电影中去。在那之前，很多人在家看DVD，电影事业并不是那么兴旺，再加上香港电影已经没有国际市场，而内地的国际市场没有被打开，只有一两位内地导演的电影能卖到国际上去。那个时候就有人和我说，希望我拍一两部片，将电影打到国际上去。电影没有活力的话，这个市场很难维持下去，所以我回来了。

南都娱乐：但许多舆论似乎没有对《赤壁》口下留情，说你拍的是“西化”的中国历史片。

吴宇森：其实我拍摄的时候经过考量，因为国际上的观众不懂我们的历史，不懂“三国”，我是想让他们能接受这个电影，还有希望中国的观众也觉得它像个“三国”的故事，我只是做得有些不一样而已。只拍“三国”中的一段，怎么让海外观众知道来龙去脉和这么多人物呢？所以我就集中一个主题，当时我观察到，在亚洲，很多年轻人很沮丧、孤独，认为没人关心他。一些国家经济不景气的时候，有些年轻人不能接受这个现实，就自杀了，我很痛心，所以我就借“三国赤壁”这个以弱胜强的故事，拍一部励志的电影。

南都娱乐： *就是说历史已经退居到背景里，想表达更多现实的思考?*

吴宇森： 是的，我是摘录现代的情感来看历史，无论是周瑜、小乔，还是诸葛亮，当时他们都年轻，我希望既保持传统的美，又有现代的气势。我希望观众看了有一种代入感，我也可以是周瑜，也可以是诸葛亮，那么调皮、好玩。我在拍《英雄本色》时没感觉在拍绑匪片，拍《赤壁》时没有感觉在拍历史，我觉得我在拍人，这些人的感受、经验和挣扎，我这样拍，会暂时忘记了历史。

提携未来商业电影新势力

“目前的电影市场很难撑起来，因为我们的电影没有个性”

热钱涌入，令近年来国内商业电影市场热闹非常，作品不断。面对所谓“华语电影的兴起”，吴导却有自己的看法：投资人应当舍得花更多的前期投入来培养一个新导演，而不是急功近利地看作品一时的卖座与否。他身体力行，一直关注和提携着年青一代，采访中不断用“那些可爱的年轻人”来称呼那些后起之秀。

南都娱乐：你怎么看待目前的电影市场？

吴宇森：再怎么样也很难撑起来，因为我们的电影没有个性。我们需要培养更多的年轻导演，让他们有机会发挥，我觉得我们投资人，应该要有一个长远的投资的计划。如果投钱让他们研究新的技术，将会为电影带来一个新的局面。

南都娱乐：那你觉得什么样的机制才能帮助这些年轻人？

吴宇森：国内有很多有才华的年轻人，又谦虚又肯学，对科技有认识，但没有实践机会，没有人发掘他们。因此需要给他们投资，这样培养人才，我们的电影才会有不同的花开。投资人前期投入，花钱培养年轻人，这个投入在后期是能赚回来的，现在没有这样的投资去鼓励年轻人。现在全世界市场只有动作片，平常也没有鼓励艺术片和其他类型的电影，香港也是，没有其他类型的电影人才储备。

南都娱乐：所以你最近提携了苏照彬、魏德胜这些年轻导演。

吴宇森：是的，他们都是我很欣赏的年轻人，魏德胜是前一个戏大获成功，苏照彬是前一个戏都不卖钱，但是他们很有才华，剧本都写得很动人。

南都娱乐：你怎么判断年轻导演身上的潜质呢？

吴宇森：从他们的剧本。我鼓励年轻人写自己的剧本，因为在好莱坞也是这样的。年轻人想找到一个好拍摄机会的话，最好是自己能写一个剧本，因为大家可以从剧本看到他本身的才华、他的表达能力。在好莱坞，最重要的是你能表达什么、说什么，无论是创作还是面对电影公司的人，只要有决定权的人看到、听到这个导演有创意的东西，如果双方能谈出一个好的东西来，就会马上签他。所以我看年轻人，就会先看他过去或现在的作品，不管是曾经失败或成功的电影，我都能看出他的实力，作为一个监制，也是尽量想办法去帮助他们。

【记者手记】

吴导很亲和，问那些不见得令他高兴的问题，他也习惯正面回答，答案不会尖锐，更多的是豁达，这也许就是长者的从容。他甚念旧，当提到《英雄本色》和《喋血双雄》，我问一句，他便说百句，面色温润，眼中有光。那和徐克、发哥、张国荣并肩的情谊，令他至今仍惜重，听者如我，仿若看到那光阴的故事再度重现。

（采写／陈潇）

印象：张扬暴力美学的一代宗师

文／王洞洞

在世界电影史上写下自己名字的华人不少，但真正能用一种美学风格进入电影史并进而影响世界电影格局的华人，唯有吴宇森。

他曾经拍摄低成本的喜剧电影，如今再来看吴宇森的早期作品，如《豪侠》(1979)、《滑稽时代》(1980)，还真看不出他有多少喜剧细胞，有的只是强扭出来的玩笑和生硬蹩脚的桥段台词。20世纪80年代中期，吴宇森与徐克合作，吴在后者的帮助下完成了影响几代人的《英雄本色》，于观众，它是喜闻乐见街谈巷议的命题；于电影，它是开创了一种美学风格并影响了后代导演的里程碑式的作品。

吴宇森在简单的枪战片中注入自己的理想，这理想在完成数部作品之后甚至可以直接创造一种崭新的美学风格。那时，吴宇森进入了他的第一个巅峰期，《喋血双雄》《喋血街头》《纵横四海》等等成了那个录像厅时代的受众最广泛的一系列作品，在充斥着浓烈烟味的遮光放映厅里，在男欢女爱的早恋岁月里，在哥们儿义气义薄云天的青春冲动里，在小马哥的谈笑和风度里，在白鸽飞起数声枪声完成一场血战的梦幻里，吴宇森让人们见识到了一种从简单动作到枪与血浇筑出一种美的完整过程。

第一个巅峰期令吴宇森在华人群体中家喻户晓，而等到他在好莱坞摸爬滚打拍出成功的商业片之后，他已经是全世界范围的成功导演了——关于“成功”二字，吴宇森似乎可以以自己的经历来写一本成功学的畅销书了。从《断箭》、《变脸》一直到商业上大获全胜的《碟中谍2》，在其他华人导演还在资本与艺术上不得要领地苦寻之时（比如在这个阶段沉沦的有拍了《英雄》的张艺谋、周星驰喜剧正处于低谷，王家卫一贯地低迷甚至已经与所谓的港片乃至华语电影都关系不大了……），吴宇森在好莱坞这个地球上电影业最发达的地方取得了成功，他的成功是导演终极意义上的成功，他无可非议地成了华人第一。

也许多年之后，我们会忘记《赤壁》里梁朝伟的意气风发，甚至不会再记得《断箭》中约翰·屈伏塔的模仿动作和《碟中谍2》中酷到飞起的汤姆·克鲁斯，但仍然会在脑海里不时回想起小马哥的点烟动作和白鸽飞起时的杀人慢动作，那些镜头既可以不值一提，也可以永远地留在影迷的心里，历经岁月，难以忘怀。除了“初次”没有别的好解释的了，吴宇森第一次将人类的暴力用美学的形式在画面里展示出来，他作为一代宗师的成就也被写入了历史。

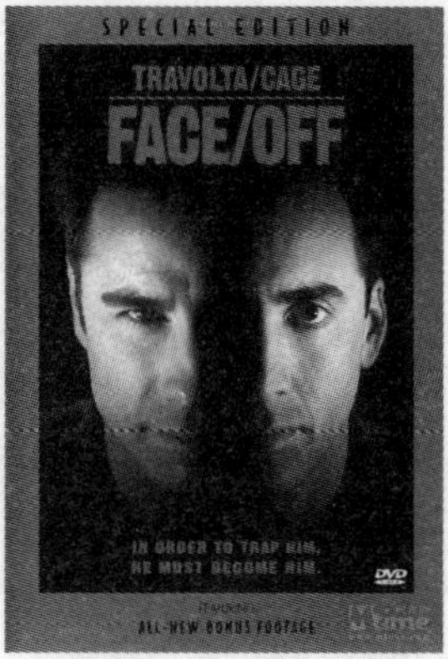

徐　克

香港著名电影导演、编剧、监制、演员。1966年移居中国香港，后到美国学习电影课程。1977年回港后，在佳艺电视从事编导工作。佳视倒闭后加盟无线电视。后转入电影圈发展，凭借《蝶变》一片崭露头角。1984年与妻子施南生组建电影工作室，凭《英雄本色》、《倩女幽魂》等片蜚声海内外，为香港电影开创了新的时代。在现今香港电影界的幕前幕后人物中，徐克是最有影响力的人物之一。

★香港新浪潮大师

徐克：创新是因为我对自己有一种希望和自我满足

曾几何时，徐克在《蝶变》中构筑了一个颇有诡秘奇崛之风的前所未有的江湖。30年来，这个世界在徐克孜孜不倦的颠覆创新之下人稠物穰、瑰丽多姿、盛极一时。在这个世界里，我们找不到现实生活的细腻片段，找不到影响深远的历史意义，然而它的魅力正在于对末世情怀的消除、拆建和重组，从而构建出一个与现实若即若离，与理想并行不悖，又焕然一新的电影世界。

创新

“最重要的是自我满足，我是人格分裂……”

从30年前徐克的集奇幻、武侠、恐怖、神秘、悬疑等于一身的处女作《蝶变》开始，徐克的“创作”就一直被大家津津乐道。然而血气方刚之时，创新也许是一种与本能并驾齐驱的冲动，但是时至今日，创新究竟是一种追求，还是已经变异成骨子里有些力不从心的执拗？这几年太过沉溺于特技题材的诸如《蜀山传》《深海寻人》《女人不坏》等作品，不得不让人怀疑，“徐老怪”是否真的已经肠思枯竭了?

南都娱乐：在当年邵氏武侠片称霸电影市场的情况下，你的《蝶变》丝毫不沾半丝邵氏武侠片的影子。当初哪些影片影响你比较多一些?

徐克：有些粤语片，我小时候进戏院是我母亲带我去的，看的戏都是家庭伦理那种悲情的电影，因为母亲的影响我就变成对悲情伦理的东西特别有感觉。后来有条件自己拍戏了，那些东西都对我的创作有很多启发。后来我也想过当时为什么我会被这种电影影响到，其实我觉得都是一些感性的东西。我就开始写很多关于感性的笔记，怎么样处理感性的细节让观众看的时候产生某种共鸣，哪怕这个世界跟自己完全不一样，但感性的东西都是互通的。

南都娱乐：你的武侠世界有浪漫，有悲情，有悬疑……你怎么概括自己的武侠世界?

徐克：我觉得还是人物的魅力。如果你能够制造一个有魅力的人，他自然会对观众有吸引力，带着他们进入那个世界，进入那个故事里面去感受他的人生经历。其实我们看电影都希望在电影里面去了解自己，因为我们在生活里面没法完全了解自己的感觉，以及对事物的观点和态度。很多时候故事比生活更有戏剧性，更异想天开，更匪夷所思，你会体验到比生活更多的东西，从而知道怎么样来充实你的人生。电影、文学小说都有这种力量，让你拥有更多的追求和得到自我满足。

南都娱乐：你的成功在于创新，且多年来孜孜不倦，但是这种对创新的不懈追求，会不会其实是一种恐惧的表现?比如说是害怕被人遗忘，或者没有安全感。

徐克：其实我不太在意别人怎么看我。我觉得最重要的是自我满足。我常常说自己人格分裂，我是一个观众同时也是一个导演。站在观众的角度，当我觉得需要得到某种满足时，我就要求做导演的自己去弥补。所以很多时候并不是我先想人家怎么看我。我觉得人就是很自然的，在毕生创作里面，很多人对我有想法，对我做出评论都是很正常的。反而我觉得自己对自己的判断才是最重要的，就是你怎么过自己那一关。每次创作的东西我都很诚恳地把自己的感觉放在银幕上呈现出来，我不愿意一味为了市场或者为了观众去做。你说创新意味着安全，我觉得也不是。创新是因为我对自己有一种希望和自我满足。

南都娱乐：这几年像《女人不坏》、《深海寻人》等几部影片口碑都不是特别好，算不算你尝试创新的失败呢？

徐克：每个尝试，每个新的题材，都有面对这个的可能性。我做的时候就知道有这个可能性了，但是我必须要做这个事情。不是说知道这个可能性，因为惧怕这个结果，而止步不前了。你的目的是在尝试中找出更多的可能性。当然，做的时候一定是希望观众能接受，但当观众不接受的时候，我就更加要找出原因了。这才是你尝试创新的目的。《蝶变》跟《女人不坏》给我的最大的启发是，我进入一个不常进去的世界，其实得到的东西未必会少。往后我还会继续从那两方面去发展其他的创作。

南都娱乐：那么就《女人不坏》举例，你找到不成功的原因了吗？

徐克：好几个方面都很具体的。比如说我在讲女人的世界，但我对她们的生活细节、她们细腻的情感，还不能全面地把握，所以出来的作品还不能让观众觉得特别有共鸣，觉得感同身受。往后继续下去的话，我会加强这方面的东西。

南都娱乐：一味地追求形式上的创新，会不会反而忽略了最本真、最纯粹的精神诉求，反而得不到观众的共鸣？

徐克：并非如此。电影拍出来，我拿出来跟大家分享之后，就知道我的东西有没有令观众在观看的时候情感上获得满足，我会找出他没有满足感的地方在哪里，之后回到原来创作的意念上，在这方面去加强或者去塑造另一个对他们有效的空间。

分歧
“这么多年吴宇森跟我常常见面”

20世纪80年代中期，风头正盛的徐克和正值票房失利、无戏可拍的苦闷之际的朋友吴宇森，携手合作，打造了一部描写兄弟情怀的《英雄本色》，大获成功。且正是这部影片，让郁郁不得志的吴宇森，摇身变成了香港电影界当之无愧的暴力美学大师。然而，在合作完《英雄本色2》之后，两人即分道扬镳，据说多年不相往来。具体原因不详，一说是因为徐、吴两人风格上的迥然不同，一说是因为两人对《英雄本色》系列的版权之争……

南都娱乐：你是一个特别坚持自己想法的人。这样的性格会不会在和别人合作时，变成一种困扰？

徐克：我觉得想法是一个基础吧，有了想法才能沟通，没有想法很难沟通。当你的想法跟另一个想法并存的时候，你就要开始考量到你的想法跟其他人的想法有没有并存的可能性，如果没有并存的可能性，选择上就要看对方的想法是不是合适，而且是不是比你的想法更有理由，有更好的设计。

南都娱乐：之前在拍《风声》的时候，据说陈国富和高群书的

合作并不是十分愉快。且陈国富老师的性格也蛮坚持的，这次你们在合作《狄仁杰》的时候，有没有产生分歧？

徐克：我们合作是没有问题的，最好的例子是《铁三角》。我认识国富好一段时间了，而且我看过他的电影，他也看过我的电影，其实我们两个已经有一定的了解。因为他是个编剧，我是个导演，是一个正常的关系。在拍《铁三角》的时候，我、陈国富、杜琪峰三个的合作，其实也是我们对自己的考验，到底我们会不会在某个时间就翻脸了？后来发现其实分享不同的意见，是很有趣、很有意思的一件事情。这次跟陈国富的合作，因为他是编剧，在编剧过程中我作为导演提出要求，他就衡量我的要求是否可为。他会讲出他的道理，给我一些参考。我也会告诉他，我建议这样做的理由是什么。我们在说服大家的过程中得到共识。陈国富是一个分析逻辑相当扎实的人，他的文字有一个很完整的概念。我们两个结合在一起产生了一个化学作用，他不断地根据我的要求去翻新他的版本，而且他给我很多很好的提议，设计了很多我意想不到的东西。我很尊重他的意见，他也尊重我的意见。我其实也问过高群书，他们有一段时间是有些冲突，但那是因为他跟陈国富认识的时间，没有我跟国富认识的时间那么长，了解也不深。

南都娱乐：可以求同存异的理念，是随着你的年龄增长慢慢做到的吗？年轻的时候看法会不会比较偏激一些？

徐克：有可能。我举个例子，最初在拍《蝶变》的时候，原本剧本是别人在写，后来我发现那个编剧写的东西存在很多弱点，且没有完全的改进，所以后来变成了我自己写。

南都娱乐：那和你的老友吴宇森导演呢？

徐克：其实我们是没有冲突的。只是在创作过程里，有一些不同的意见，比如说我们对女性角色跟男性角色的理解，比如一些我们一直都在寻找的新的突破的方式。其实创作上没有什么阻力，因为他是编剧，我是监制，我在他编剧和导演的基础上提出更多的可能性建议。这是我们交流的必要过程。所以也许很早很早以前，大家觉得吴宇森自己出来做公司是因为和我怎么怎么样了，其实他出来做公司是一个很自然的发展轨迹，因为当时吴宇森在国际上的影响也大了，有很多人投资让他拍戏。所以一直以来记者提这个问题我就说你问吴宇森好了，不要问我，我没有话讲。因为我觉得这是一个正常的过程。

南都娱乐：既然不是矛盾的问题，那么为什么你跟吴宇森拍完《英雄本色2》之后就没怎么见面了呢？

徐克：拍完这部电影以后因为他已经建立起公司，到外国去拍戏，不过我们还是有见面的。只不过没有让你们看到而已。我们常常见面的。这次在威尼斯他们约吴宇森约不到，我打电话给吴宇森说你下来吧，人家在等你，他才下来。他们才知道原来我跟吴宇森并不像大家认为的那样，他在美国拍戏我也跟他联系的。

魅力

“突出人物内外的极大反差是我最喜欢的”

徐克的魅力不仅在于疯狂，还在于痴迷。对于那些在徐克流光溢彩的武侠世界里光彩夺目的女子，人们看到的不仅仅是她们的皓齿明眸、翩若惊鸿，还会心碎于她们的缠绵悱恻、衔悲茹恨……林青霞的东方不败如是，张曼玉的金镶玉如是，王祖贤的聂小倩亦如是……其根源都来自于徐克对悲剧情结多年不变的特殊癖好。

南都娱乐：很多人看了《狄仁杰》以后，觉得你是想用李冰冰复制一个林青霞出来。

徐克：我没有刻意这样去做，一开始的时候我也没发觉。后来剧照出来以后在网上曝光，看见大家的评论，我才仔细留意了一下，她们有各自的个性和特点，相似的可能仅仅只是眼神。

南都娱乐：很多女主角你都把她们拍得很漂亮，不管是什么题材的，你对女性的审美标准是什么呢？

徐克：其实很多不同女性的神态也好，气质也好，我都用不同的选择去塑造人物形象。比如说关之琳饰演的《黄飞鸿》里的十三姨这个角色，是个很温柔的女性，不是一个很冷峻的人物，所以会有那种比较活跃和热闹的感觉。比如《狄仁杰》里李冰冰的这个形象，我是根据角色的要求来做的。她很高傲，再从高傲转变成很脆弱，并且带有一定的悲剧色彩。我很喜欢她这种情绪，我喜欢人物内心和外表有很大反差的这种表现方式。我拍戏的时候，完全没有想过所谓的女性美感在哪里，我只是去找她最吸引我的地方。在塑造女性的时候，我自己还是以她能够让我感觉到的东西来作为我对她的塑造标准。其实电影里李冰冰崩溃那场戏是我第一天拍她的戏，是拍无极关那一段的特写。她当时刚从《风声》剧组过来，人还陷在《风声》那种情绪里面。

南都娱乐：那这个状态就挺对的，因为《风声》的戏和“无极关”的戏，那种人很脆弱的状态比较相似。

徐克：对啊。我要求她做一个完全失控、完全表现内心支离破碎的表情。她当时很自然地就把握了这种感觉，整个就是一种很崩裂的情绪。拍摄进度很长，拍的时候她的眼泪一直不停地在流，本来我要求大概10秒钟，但她做了一个很长的表演，我都尽量把它放在电影里面。我记得冰冰因为肺有一些问题进医院，进医院观察了好几天，我们等她复原，可是她出来的时候身体还是很脆弱。她拍这场戏的时候，真的是大风大雨，雷电交加。那个雷声特别大，雷声一响，她就会震一下，情绪也受到了影响，但后来还是完成了。那场戏很有戏剧性，也是上官静儿最悲情的一场戏，那场戏给我印象很深刻。

南都娱乐：也就是说你很擅长表现女性的脆弱？

徐克：其实这跟《狄仁杰》里的刘嘉玲一样，因为武则天这个人物给人的感觉外表很强悍，所以我常常觉得她不容易在外人面前表露她这情感和软弱的一面。所以我一直跟刘嘉玲说，你要表露你很悲情的东西，但是涌出来以后，要马上就收回去。就这么一个细节，在一瞬间，武则天性格上的特点就一下子出来了。

南都娱乐：你总是特别大胆地给艺人作一些改变，希望能呈现他们的另外一面。这么多年来，有没有相对不是那么成功的例子？

徐克：很多很多。比如说我第一部戏，《蝶变》的主人公是个不懂武功的人，但却在江湖出入，记录所有江湖中的事情。在塑造这个人物和拍摄过程里面，我发现我需要的东西比剧本里面多很多。所以后来我一直在想象，在塑造这个人物的时候，我只有给他重新定位，在人物的魅力上，才能达到更强的效果。所以我也一直记得，第一个我塑造的人物，观众反馈的效果怎么样，然后在往后我创作人物的时候，就会注意一些力度跟必要的特点的补充。还有很多人物，我也作了新的尝试，但是没有在观众心目中留下深刻的印象。这其中我也不断地在观察、在学习，希望塑造出一个崭新的人物形象。

【记者手记】

徐克本人和他的自画像没有什么两样，一头夹杂着白发的乱发、满脸的胡须、面容清癯、手里玩味着一根雪茄。听很多记者说，采访徐克相当困难，除了语言习惯之外，他有一个足够强大的自我世界，不管你问的是什么问题，他都会在那里进行一番自我探索，然后寻找出一个给自己的答案。果不其然，事实证明，他的世界，别人走不进，他也未必有欲望走出去。正如他几十年来，为观众、为自己营造的武侠世界一样，人世间的瞬息万变都尽在其中，前提是只有充盈了自己，才能满足他人。

（采写／宋寻）

印象：上帝托徐克给大家带个话儿

文／王洞洞

如果不疯狂，那么就可以做一个平平淡淡过一生的人，但做导演就会少了份冲劲儿；如果不痴迷，那么过过小日子相夫教子或者孩子老婆热炕头没问题，但去执导电影，就会少了份执著和勇气。徐克怎么看都应该是具有做导演天赋的人。我想啊，即便这个人一辈子没拍过一部电影，就是生活在我周围那位如今刚买辆车接送孩子上幼儿园的人，我也觉得这哥们儿有当导演的天赋和才华。究竟为什么呢，不提徐克那些匪夷所思、奇思妙想的具体作品，你就看他这个人、听他说的话，甚至看他的表情，你都会觉得这是一个满脑袋不切实际幻想、天马行空的老妖级怪人。

光怪陆离可以用来形容两个东西，一个是电影，一个是徐克。在他那里，魔幻、超现实、虚构等等非现实的环境都不再离奇，而是会呼吸的场景；穿戴美美的一个个红男绿女，飞行在茂密的森林或不切实际的客栈屋檐上方，你不知道他们何时降落，但却可以目不转睛地盯着他们发呆——武侠原本就是一处幻境，诞生于那些爱做梦的人的心中，只不过有了徐克之后，他们可以出现在银幕里，用场景和举止来完成一出出关于武侠的想象。

林青霞的东方不败、张曼玉的金镶玉、王祖贤的聂小倩、关之琳的十三姨，这些都是徐克贡献的经典传奇，他不仅描绘出一个个从来没有过的感情奇怪、装扮绝美的女子形象，而且更对之赋予了灵魂，以至于这些形象这么多年仍在影迷心中占据着重要的位置。有时候我甚至会觉得，世上其实本无东方不败、聂小倩，是徐克的天马行空创造出了这么一些人，她们活在银幕里，并非真实的个体，但却成了人们一种精神上的向往，观者就此知道，人生原来还有这样一种飘忽奇异的美。

徐克创造的画面，就如同他对女人的理解以及对美女的展现一样，早就成为了一种美学，奇幻、前所未见，透露着徐克标签的怪异颜色，当这种怪异和惊奇弥漫在大银幕上时，走进去就是另外一个世界。我相信在徐克的脑袋里，一定有一个不为人所知的系统，它们可以自造颜色、画面、动作、场景……然后还有一个更加缜密的逻辑系统将之统一化，形成连续的故事。所以说，对于天才来讲，有时候并不需要多作努力，只要把上帝告诉你的东西再告诉大家就成了。

杜琪峰

香港知名导演，曾担任编导、监制，1983年投入电影导演工作。杜琪峰于2000年后的个人创作趋于成熟，显现出强烈的个人风格，如《大块头有大智慧》《大事件》《PTU》《柔道龙虎榜》《黑社会》和《放·逐》等等。

★港片坚守者

杜琪峰：偶尔妥协，但从不媚俗

杜琪峰1955年出生于香港，1977年成为无线电视导演，1980年拍摄第一部电影《碧水寒山夺命金》，1986年至1994年拍过多部卖座电影。1996年与韦家辉组建银河映像，2000年凭《枪火》成为金像奖、金马奖双料最佳导演，奠定影坛地位。加上2004年的《PTU》、《大事件》，2005年的《黑社会》，他共获3次金像奖、两次金马奖。近年更是外国影展的座上客。他与韦家辉联合执导针对内地市场的《单身男女》在内地上映也大获好评。

现任金像奖主席陈嘉上说过，港片尚有文化分量，是因为杜琪峰、许鞍华和王家卫三人标杆式的存在。杜琪峰在20世纪90年代后期成为港片的中流砥柱，走过最好和最坏的时代，既有商业保证又练成自我风格，他锐意原创的风骨，冷酷映像的风格，以银河映像带起的专业团队风气，在同辈中都是无出其右的成就。近年香港导演纷纷北上拍片，而看透格局萎缩的杜琪峰仍坐镇香港基地。这位当代港片的教父级人物，很可能是香港地区最后一个大导。

“红裤子”出身的无线时代
“无论环境怎样恶劣，一定要完成”

杜琪峰出身底层，年少时曾住九龙城寨、牛头角迁徙区，龙蛇混杂与江湖气息构成了他早年的生活经验。由于父亲在戏院工作，他看得最多的是西部片和动作片。1972年，杜琪峰以办公室勤杂工身份进入无线，隔年被王天林和钟景辉推荐入读艺员训练班。训练班毕业两年后，只有中三学历的他，又蒙王天林破格提升为副导演，参与拍摄《陆小凤》《小李飞刀》《射雕英雄传》等武侠片。而师傅言传身教的影响，也奠定了杜琪峰从无名小子成长为电影名导的基础。

南都娱乐：从无线训练班毕业后跟天林叔拍戏，可以说是入行启蒙，对你来说受到的影响有哪些？

杜琪峰：天林叔对我最大的影响，是无论环境怎样恶劣，一定要完成，这才算是专业人士。我们当时拍电视剧（进度）追得很惨的，1976年我第一次拍武侠片《书剑恩仇录》，今天拍完晚上剪接，第二天早上配音，到了晚上就播出了。林岭东负责排进度表和剪接，刘仕裕负责配音乐和效果声，三个徒弟跟着天林叔拍，我是跟在身边的。每天突发状况很多，有次大队人马几十人到大埔树林里，结果下倾盆大雨，两个镜头完全没法下车，就叫道具布景的人砍点树回厂里拍，将一批批人安排进去（镜头）打，打完就出镜，然后又镜头接第二堆树林，几棵树推过来就当第二个位……在恶劣的环境里，他一直这样工作，在厂里这样赶，到晚上又能播出了。曾经发生过很多这样的事，我就学习了：一定要调动所有事情完成任务。第二就是看怎么调配，决定要很快很准，这是他在粤语片时代的生存方式。这些不是艺术性的教育，是专业性的教育。

南都娱乐：在电影上，他作为黑白片名导，给当时的电视圈肯定带来冲击，让你耳濡目染的是什么？

杜琪峰：他在电影上给我的东西，是镜头和群众的调动，怎么拍得镜头很有电影感？怎么控制气氛？在他身上学到很多基本的东西，一个小子能看到这么多，都是不简单的。后期他的脚不好，有一个骨头歪了，上下楼梯不方便，那时我们的监视器是在上面的，下面才是拍戏的，他排戏就告诉我大概，我下去排。从不懂到开始可以调动（都不简单），比如对方是明星，我们当初还是小孩，刚刚入行的时候也会怕，但在短短一年时间的训练里，我也学会了很多。

南都娱乐：没过两年，你就从副导演晋升到了导演，当时的情况是怎样的？

杜琪峰：1977年，我刚拍完《陆小凤》以及一半《小李飞刀》，公司就已经升我做导演了，当年我觉得这真是太快了，但如果有这样的机会不做……我当时考虑过，还跟助理总经理说，他说如果你不做就现在走吧。呵呵，那就不做不行了。我记得第一次做导演的时候，就在那里按按键而已，师兄林岭东还来探班给我打气，徐克也坐在我旁边，有他们两个在我更容易出事，哈哈哈哈哈……

南都娱乐：师傅当年培养出这么多徒弟，有没有也影响你？比如多年后建立自己的专业团队。

杜琪峰：可能因为我们自小也是"红裤子"（基层）出身，跟着师傅。这个环境让我想到是不是到一定的时候，也想给新的一代机会。因为是师傅给我这样的机会，我以后在电影和电视上才可以更大胆。在（拍戏的）基础上看，能跟老师傅是好的，导演也很少有会给副导演机会的。

从为老板拍到为自我拍
“技术上的导演，还是作者导演？这是个大问题”

1980年，出自无线的许鞍华、徐克、严浩正掀起香港电影新浪潮，25岁的杜琪峰拍了电影处女作《碧水寒山夺命金》后，却转身回电视台继续拍剧集，外人看来一如被提拔为电视导演时的犹豫退缩。作为深思熟虑的金牛座，他其实大器不怕晚成。20世纪80年代后期，他为“新艺城”拍了《开心鬼撞鬼》《八星报喜》《阿郎的故事》等卖座电影，90年代为“大都会”（由邵氏与无线重组）、“百嘉峰”（杜与黄百鸣、禤嘉珍组建）拍了《审死官》《济公》《东方三侠》等古装、魔幻喜剧。直到1996年迎来银河映像时代，40岁的杜琪峰才真正开拍属于自己的作品，对警匪犯罪片的深化，以冷色调为主、以静制动的冷暴力美学，都是对80年代吴宇森等大洒狗血英雄片的超越。而面对票房问题，与许鞍华、王家卫不同的是，杜琪峰更主动，坚持商业片和自我作品的双线生存策略，为银河映像筹备弹药、培养新人，一直在顾全大局，偶尔妥协，但从未媚俗。

南都娱乐：从拍无线剧集，到成立银河映像之前，你也经历过大都会、新艺城、百嘉峰时期。

杜琪峰：在1994年之前，我拍过《开心鬼撞鬼》、《八星报喜》，当时的戏都比较喜剧，卡司也比较大。到1994年，就算我自己做导演做主导，也都是完全商业的电影，那我就是一个技术上的导演，而不是一个作者导演。这是一个大问题。

南都娱乐：当时电影市场蓬勃，有不少大卡司的古装片、喜剧，到现在很多香港导演北上拍的还是这些。

杜琪峰：是啊，就是这样，我经过了20世纪80年代到1994年这段时间。因为要考虑作为一个导演的前途，所以那一年（1995年）没有做任何事，就在考虑怎样才能做作者导演，在那时就立了一条心。所以我就拍了《无味神探》，那时候是不卖座的，完全靠个人的想法一路走。从那个时候开始，《暗花》《枪火》《两个只能活一个》《非常突然》陆续拍出，也是那个时候才开始拍自己的电影。在此过程中成立了银河映像，也多亏韦家辉，虽然他不出任公司的任何一个岗位。我们的目的不是以市场为指导，但是有时也要拍回《瘦身男女》《单身男女》《我左眼见到鬼》这种类型的电影。

南都娱乐：这类型的电影你自己喜欢吗？

杜琪峰：嗯，我不是很讨厌去做这个事情，但让我选我就会选警匪片。

南都娱乐：你拍戏没有剧本，加上自我风格的电影预算有限，拍的时候应该很紧张？你是什么时候不要剧本的？

杜琪峰：我拍电视的时候已经成天改剧本了，真正从头到尾没有剧本的，就是从《枪火》开始。因为那时候没有钱，一拿到投资就要一个月拍完，根本没有时间写了。凑齐人马，18天拍完，没有剧本，就告诉他们要怎么拍，同时不准NG超过两次，除了阿雪（林雪）。（黄）秋生、（吴）镇宇他们是很行的嘛，哪用NG的？人佬，你看着拍啊，只有4万尺菲林。

南都娱乐：成立银河映像后，终于能拍最感兴趣的警匪片，同时你也要为团队操心，要为赚钱而拍片，然后扶植年轻人。今年是银河映像成立15周年，你对未来有何预期？

杜琪峰：1996年成立银河映像，我和韦生过去有不同类型的票房上可以的电影，我们已经跟自己的路线走了10年。下一个历程，希望推动多一点电影（导演）能够继续银河映像的路线，在未来5

年，如果很侥幸地让我们走到银河映像20年，希望找到一个人去领导银河映像，我自己就想逍遥一点，去做一个（自由的）导演。

他的御用爱将们

“如果没有这帮演员，就没那么多杜琪峰的电影”

拍金庸古装剧出身的杜琪峰，在色调冷酷的现代都市里营造自己的江湖。无论是《PTU》惊险游走在法理空隙的手足之情，《枪火》、《放·逐》里五个男人的默契与情义，还是《文雀》中雅贼救美的男性仗义，抑或是两辑《暗战》里兵与贼惺惺相惜的黑色幽默，无不流淌着现实又浪漫的任侠之气。江湖是由人构成的，杜琪峰的江湖少不了他的固定班底，关于他拍戏怪癖的传说有很多，比如没有剧本、现场爱骂人，但从他戏里成长起来的人，都说杜琪峰是一所学校。只是老杜的爱将们只存在于他精神上的港式江湖，北上还用得着吗？也许就等《黑社会3》了。

南都娱乐：说说你的那些爱将吧，当初对他们的选择和塑造是怎样的？

杜琪峰：像（黄）秋生、（吴）镇宇、张耀扬那些，他们是很清楚导演要什么的，如果找不到这一帮人，我的电影可能又不是这样，未必达到我的电影世界里的人物（境界）。他们大部分的技巧都是非常好的，包括（刘）青云、任达华。演员的工作就是让我对他的演出很有信心，还有他能给一些东西刺激导演使这个人物形象更扎实。我觉得这是相互的，如果没有这一帮演员，就没那么多杜琪峰的电影。

南都娱乐： 你挖掘了不少性格演员，比如刘青云、张兆辉等，他们在电视台时不算红，但拍过你的戏之后，走出来就有了另一种味道。

杜琪峰： 现在我们用旧的那批演员，其实他们在电视台也很好了，只是没有机会而已。在电视台我们认识很久，知道这个人是能演戏的。但现在的电影公司签很多演员，要你用他的演员，如果做得到也会妥协的，所以这也要看新一代的演员还有谁是能用得上的。

南都娱乐： 你不太喜欢用偶像吧，刘德华当年被你数落“你们这些偶像”如何如何，是否觉得偶像不会演戏，也不能为电影服务?

杜琪峰： 因为偶像顾及他们自己多于电影和角色，又要顾着影迷喜不喜欢，又要顾着剪了这个头型唱片就不好看了，你这么多东西不想变动，为什么要拍我的电影呢？很多时候我都会觉得最好不要（用偶像），如果能够让我自由地选演员，我真的要选演员，而不是选明星偶像，你是人家的偶像，不是我的偶像嘛。电影始终要原创，只有好的剧本好的导演，才能制造出来好的明星，我很相信历史必定是这样的。

南都娱乐： 跟演员沟通的时候，是否都需要磨合？你不爱用剧本的习惯，他们都能接受吗?

杜琪峰： 他们习惯了，开始有一点点不习惯。他们在电视台已经认识（我）了，后来入电影圈，也很习惯杜琪峰是什么人了。他们会想：他不会“点”（骗）我的啦，哈哈，其实大家都不会“点”大家的了。他们慢慢地知道我做事的方法，知道导演会顾及到的，他们做自己的事情就行了，所以很多时候做到一半已经猜到了，几个人在一起的时候开小差，会说“我们下一段就是怎样怎样的”，哈哈，有时（猜）中有时不中而已。他们投入了以后也很清楚角色是什么，因为他们本质好，不会离谱，有些（演员）不会做戏的，今天和明天根本都完全不同的。

南都娱乐：传说每个记者采访你都照例要问的，现在还骂人吗？

杜琪峰：看到不顺眼也会骂的，呵呵。

南都娱乐：女演员会不会被你骂到哭，或者直接走了的？

杜琪峰：走倒是不会，生气是有的，但你有你生气，我有我骂，都是这样的了。什么事会骂呢？第一，不够专业；第二，你有没有清楚我说的是什么，有没有考虑过我说的事情，这是应该（骂）的。导演是指挥，你不听指挥（就该骂）。而且我不只是对演员，对所有人都是这样的了。

南都娱乐：跟着你吃苦最多的可能是林雪，过去采访他，说有部戏NG多次，反复挨打之余还浪费菲林，心惊胆战。

杜琪峰：《暗战2》那场戏打到他脸都肿了，他说，我脸都肿了，我说是啊，为什么？因为你笨咯，笨就被人打到脸都全肿了！我说你的反应都不对，那个人一边打他，他一边吃早餐，掉在地上又捡起来吃。拍完，我说你的脸都全肿了，没得再拍了，明天又不能回来拍，搞得整场戏粗糙咯，不行咯。

文化路线与内地策略

“别人说什么都好，这是我杜琪峰的另一种类型”

2005年拍完《黑社会》，杜琪峰一直说希望作品多一些文学性。他也说，如今名利已经不重要，只希望拍值得看的电影。他还就《柔道龙虎榜》发问：“我最喜爱的电影，为什么就没人讨论呢？”但近年围绕他的还有另一个问题：北上。于是他有了专为内地观众拍的《单身男女》。但看他的电影，你仍会下意识地辨认这场景是香港的哪个地方，像《PTU》的中国冰室、尖沙咀广东道，《文雀》的湾仔街道、电车，《暗战2》的皇后码头……固守是不是问题？真正的大师一辈子拍一个地方都够了。

南都娱乐：过去5年里有几部片不太讨好，比如《文雀》，这是不是你的瓶颈期，或者正好处在某个摸索阶段？

杜琪峰：完全不是。因为当时香港政府拆天星码头，我已经在拍《文雀》，就将自己想拍的东西在思想上全改变了，在戏里保留了很多香港旧的场景。而《文雀》除了讲扒手外，我自己心里想讲的是，香港过客很多，但因为这些人的来和去建立了现在的香港，他们的遭遇和情义又是怎样？别人说什么都好，我都觉得这是我杜琪峰的另一种类型。

南都娱乐：拍《复仇》是怎么回事？你都拍过《枪火》、《放·逐》了。

杜琪峰：因为当时的法国（投资）人很希望我能够做一部电影，像《枪火》和《放·逐》那样的，我们希望利用外国的演员、资金去做一些事情，这对我们是没害处的，同时也觉得所谓“港产西片”也挺好的（笑）。虽然香港市场认为它不太好，因为你停留在那个位置上，但我们知道我们在做什么，用了一个鬼佬演员（Johnny Hallyday）后，《复仇》在欧洲和美洲都比我以往的电影卖的钱多。我们是完全明白这一切的，为什么还要做，你以为真的那么蠢吗？但不能告诉大家我们是这样，然后令大家原谅你嘛。这部戏是这样，别人那么说，我也不介意。

南都娱乐：新作《单身男女》就要全国上映，而你接下来要拍

的两部也都是爱情片……

杜琪峰：为什么最近搞这么多爱情故事？过去几年拍了很多自我的电影，也是时候回到商业电影了。单是做香港市场现在好像不合潮流，只有观众的层面大才容易回本，所以需要有一些和内地合作的（电影），但不希望送审有太多问题，就选择一些比较容易过关的爱情的、喜剧的东西。要是我去拍一个警匪片、黑帮片，审批过关的机会就更加渺茫。先取一个容易的方法尝试内地市场，大部分导演会拍古装片什么的，我觉得已经有这么多人做了，就不在这个时候去做，反而觉得随着城市发展，内地和香港年轻人的共鸣越来越多，很希望做城市式的爱情喜剧。

南都娱乐：*都说你是"港产片最后的堡垒"，现在这个堡垒有没有在动摇？*

杜琪峰：我不觉得我要去（北京），因为我不是很喜欢住在北京，不是很喜欢那些官员，因为很多东西要在规定底下去做。我们在香港习惯了，法律上容许的东西就有权去做。如果要走上去（内地），我就要遵守他们的规则。我一直在讲5年后，或者10年后的银河映像，我也很坦白跟你说，我需要（继承），我不应该拍拍屁股就走了，因为我是在这里出生的。

【记者手记】

杜琪峰果然雪茄不离手，聊完时他慢慢拿起水壶冲茶，白色水汽蒸腾，这让我想起《黑社会》开场。但他不老派，造型往往是波鞋牛仔裤，很潮那种。他语速不快，表面上年纪渐大火气渐收，但其实思维活跃，同一句话的表述同时出现三种，难怪一部电影要拍很久才拍完。对团队、产业远景他有种父辈感，聊起电影又藏不住天真的热爱，最惊奇的是他还熟悉内地形势政策，连二三线领导人名字都说得出。

（采写／叶晓萍）

印象：给生活加上锋利刀刃的人

文／邓晓琪

雪茄于杜琪峰，就像赛车于舒马赫、足球于马拉多纳。20世纪90年代以降，文艺青年的收藏目录中多了一个习惯性手持雪茄烟的香港导演。他跟王家卫患得患失且又坚贞不渝的装神弄鬼不同，他在影迷心目中自始至终都是风格独特且一望即知的那种导演。

在一个目光狭隘的影迷看来，“杜琪峰”三个字不属于早期的混乱风格时期，也不属于《瘦身男女》、《百年好合》等真情错爱假虚空的作品，真正的杜琪峰仅仅是从20世纪90年代末《再见阿郎》《枪火》《暗战》等一系列追寻独特风格的作品开始的。在香港这块唯商业是瞻的弹丸之地，票房和庸俗的大众审美处于永远的至尊地位，而作为一个导演想冲出前人的观念、规矩、风格走出一点自己的道路想必是无比艰难的，除了投资上的不认可，在票房回收上一般人也的确难以打动本土观众的审美趋向。所以杜琪峰于香港本土的坚守，意义远远大于如鱼得水的王晶、叶伟信和海外喧哗的王家卫或者德高望重的吴宇森；所以杜琪峰至今在即便其已经风格确立的黑帮片之外，也难免还要涉足《单身男女》这样的虚华作品；所以杜琪峰孤傲、难妥协，同时难真正如愿以偿地一味沉醉在自己的帝国中……

如果将杜琪峰的作品视为一个鲜活的人物，那么在《再见阿郎》《枪火》《暗战》《PTU》《柔道龙虎榜》《黑社会》

《放·逐》《神探》《文雀》《复仇》这些标榜着强烈个人风格的作品中，杜琪峰不但为其注入了生命迹象，而且也在“他”的言行中赋予了人生观、信仰等事物。“他”幽暗不明，徘徊辗转，在人生的轨迹上从来没有规律可循，在宿命的安排下他更像是命运之偶，被控制被蹂躏被戏谑被调教，“他”挣扎得越剧烈、抵抗得越顽强，我们这些看戏的人也就越兴致勃勃。现实生活被杜琪峰加上锋利的刀刃和尖锐的箭头，刺向麻木和僵直的生活本真，得到的是骤然的快感和痛快的宣泄感。杜琪峰只能是“他”的教父，指出“他”命运的荒谬之处，但却不能为之化解如此相悖残酷的命运，教父展示得越残酷，他的影迷就越开心。“他”这一生的轨迹，无不是沿着悲壮残忍荒谬之痕迹在游走的，无论是足智多谋的警探，还是流落街头和陋室的小混混，抑或是仿佛被遗弃的黑帮大佬，游走在江湖之上庙堂之巅，人，生而不能自主。

在黑帮题材上，杜琪峰称得上是“神”一般的人，他将这一题材从格调到表现形式再到人性深处，都不同程度地扩展其疆域，即便如《复仇》这样受人诟病的仓促之作，也在画面、人物上留下了其一目了然的个人印记，在《黑社会》这样的集大成之作中，他更是将个人的意念、人生的探索、影像的空间尽情地宣泄了出来，这是作为一名导演一生迟早要做的一件事——彻底地完成一部可以贯穿他人生价值观的作品。

王 晶

王晶原名王日祥，出生于香港，毕业于香港中文大学中文系，王天林之子。1981年王晶执导了集千术、赌术、喜剧于一身的《千王斗千霸》，从此走上了导演之路。在此后的30多年时间里，王晶执导了《贼王之王》《赌神》《鹿鼎记》《玉蒲团之玉女心经》等80多部电影作品，并监制了《大内密探零零发》等150多部电影作品，成为香港电影界导演和监制影片最多、创造票房业绩最高的电影人之一。

★情欲片教父

王晶：香港电影谁不抄？抄得好，就是好！

无论你如何诟病王晶的“粗俗”，你都不得不承认，他是缔造香港电影黄金时代的功臣之一；无论你多么鄙视他那套恬不知耻的“拿来主义”，你不得不承认，是他将香港三级片推向了极致；无论你如何批判他以取悦大众人性中低劣、卑下的趣味为获取赢利的手段，但是你却不得不庆幸，因为有了他你才能在温饱之余，有了更多、更绮丽、更与众不同的意淫空间。所以他“市井”也好，“市侩”也好，却还不至于被扔进垃圾箱里，毕竟10亿港币的票房在香港只此“肥螳螂”一人。

情欲片鼎盛时期

“拍情欲片并不能代表导演的人品，难道李安的人品不好吗？”

1993年，编辑出身的王晶推出了由邱淑贞性感出演的《香港奇案之强奸》，从此开始了长期的三级片拍摄工作，成为了香港当仁不让的三级片教父。《赤裸羔羊》系列、《强奸》系列、《玉蒲团》系列等一长串名单中，都镶嵌着王晶的名字。他几乎参与了港产情色片鼎盛时期的每一部“大制作”。其以性场面为故事情节服务的拍摄手法，可说是同类作品中的佼佼者。

南都娱乐：当年你拍三级片的初衷是什么？

王晶：其实就是为了市场，从商业的角度出发。首先香港、台湾地区的制度是允许拍三级片的；其次，观众要看，想看。尤其是台湾需求量很大。所以我拍三级片完全是符合当时香港电影的政策、环境和当时观众的喜好。

南都娱乐：20世纪90年代香港三级片的繁荣和当时的社会环境有很大关系？

王晶：是的。90年代的香港人，对内地情况不了解，大家很困惑。特别是在回归之前，这种困惑感加剧，不知道明天会怎样，都抱着今朝有酒今朝醉的心态。人们开始追求刺激的东西，所以边缘化的题材很吃香，比如无厘头的笑料、情欲片，他们都很喜欢。

南都娱乐：那你觉得，你拍的三级片最大的特点是什么呢？

王晶：我的想法是要把色情高级化，三级片并不等同于色情。你不能说那些人体写真就一定不好吧。而且拍情欲片并不能代表导演的人品，难道李安的人品不好吗？不可能吧。当年我拍这类的片子还是有自己的原则的。第一要有故事性，第二镜头一定要美，第三不能把女性放在一个低贱的地位。我的情欲片是针对女人拍的，要让女人看了不脸红。李翰祥不也拍很多风月片吗？他就把女性的地位放得低一些。我个人是很尊重女性的。

南都娱乐：最近新《金瓶梅》被炒得很火，你觉得香港三级片

市场还有可能复苏吗?

王晶：不可能。情色电影在20世纪八九十年代受欢迎，是因为当时人们的心理需要这个东西。那时候情色电影很好卖，我的片子光卖给台湾地区市场就能收回成本。但是后来台湾地区泛道德主义抬头，对情色电影有了限制，市场小了很多。香港回归后，人们的心态平和了，大家发现其实一切都没有变，还有越变越好的趋势，就渐渐减少了对极端和刺激的追求。所以情色电影的大市场已经不存在了。

将赌片推向巅峰
“其实拍《赌神》的整个过程很轻松”

香港电影有一个习惯，就是将时事融入电影，“赌片”搭着“东方公主号”的热潮，走上香港银幕，并被王晶发扬光大，推向了巅峰。他的“赌神”、“赌侠”系列至今仍被人津津乐道。当年香港掀起争拍赌片的热潮，王晶确实功不可没。不过从某种意义上来说，是赌片成就了王晶。

南都娱乐：为什么你的第一部电影会以赌片为题材呢?

王晶：当初我拍了一部电视剧叫《千王之王》，本来是部武侠剧，但是为求新鲜，便以赌博代替武侠打斗，后来整个东南亚都轰动了。所以就有人找我拍了第一部电影《千王斗千霸》。

南都娱乐：说到赌片，1989年的《赌神》算是一个奇迹。

王晶：其实拍《赌神》的整个过程很轻松，因为当时并没想过要去达到一个什么高度。《赌神》其实就是把我第一部电影中的骗局、搞笑和功夫的元素扩展得更充分一些而已。而且，当时是周润发最火的时候，刘德华也正处于上升期，他们已经度过了拼命想获得观众认可的奋斗期，所以我们当时都把在一起拍戏当成是一次放松的机会，整天有说有笑，这一放松的心态从他们的表演中都可以看得出来。现在回过头来看这部影片，我觉得它并不是一部经得起千锤百炼的作品。

南都娱乐：你对赌片似乎情有独钟？

王晶：拍赌片很过瘾。特别是高潮时在赌桌上斗个难分难解的局面，会有无数纸牌、手部及眼神大特写，拍起来既简单又快捷。

南都娱乐：你是靠什么把赌博的场面拍得如此丝丝入扣的呢？

王晶：其实，我不赌，也不喜欢赌。但我拍的不是赌，是人性，所以你觉得很真。我并不是拍那张牌，而是拍人，我是拍抓牌的那个人，所以你觉得好看。

南都娱乐：不过有人说你的赌片里经常会有一些抄袭外国电影的桥段。

王晶：香港谁不抄？老外不抄吗？一样抄！有抄也有不抄的呀，抄得好也是一种创意，抄得好，就是好。

南都娱乐：那你认为那个年代赌片走红的原因是什么？

王晶：老实说我对赌这个事情不是特爱好，也不常赌，可我对赌非常熟悉，我从来不跟朋友赌，我对赌的看法是中国人的赌性很强，用不同的形式去赌，合法的不合法的，朋友间的公开的，总之中国人很爱赌，所以我想如果从这个方面去发挥，肯定中国人很有同感，赌片在那个年代是很流行的。

关于“晶女郎”
“她们是香港影坛不可复制、不可重来的风光”

她们是花儿，在王晶手中娇艳绽放。时过境迁，她们要么凋零，要么憔悴，要么继续美丽。无论邱淑贞演过的三级片有多受欢迎，但她依然选择了几乎每个女人都要走的路，结婚、生子，从此隐退；开创香港“波霸”时代的叶玉卿早已在独领风骚后，远嫁美国，过上了相夫教子的生活；时而妖艳，时而纯情的李丽珍，虽然借着许鞍华的《千言万语》咸鱼大翻身，但由于负面绯闻不断，始终不能扬眉吐气；靠《玉蒲团之玉女心经》一脱成名的舒淇，近年来终于甩掉了“脱星”的帽子……

南都娱乐：当时为什么有很多女艺人愿意去拍三级片呢?

王晶：还是市场导向吧。基本上有一段时间香港很多片子是我导的，你不拍我的片子，根本没得拍。除非你不拍，拍的话我就是最佳的选择。因为我对片子的要求很高，剧情要合理，镜头也要美。我的片子只会给她们加分，不会减分。

南都娱乐：当年你选择女主角的标准是什么呢?

王晶：我一眼就能知道这个人合不合适，到底能走多远。我很了解女人。就像舒淇当时在台湾地区很不入流，我从一大堆照片里看到她，觉得有潜质，想把她带到香港来拍片，当时台湾导演朱延平很吃惊，非常不看好我的选择，但结果呢，你们都看到了。

南都娱乐：那么身材性感是拍三级片的前提条件吗?

王晶：前提当然是身材比例要好。不过每个人心中的性感都是不同的。每个女人都有她性感的一面，比如叶童，是平胸吧？但我觉得她很性感啊，所以我眼中的性感女人并不是身材特别夸张的那种，这是大家对我的误解。而且性感不一定非要裸露。很多观众还记得朱茵在《强奸之制服诱惑》里面并没有脱，但是通过一些电影手法就会让你觉得她非常性感，能勾起你原始的欲望。

南都娱乐：点评一下当年和你合作过的女星吧。

王晶：我不好评价了，因为她们有的成了别人的太太，有的已经离开了这个圈子，不过她们都是香港影坛不可复制、不可重来的风光。

【记者手记】

这次王晶来北京是为了宣传他监制的新片《硬汉》，没想到一向口无遮拦的他也会介意别人把送他上位的“情欲片”称为“三级片”，介意去聊当年一手捧红的那些千娇百媚的女人，介意人们总是张口闭口地把他和“三级片导演”、“垃圾片导演”扯在一起。不知道是说的人多了，听的人开始有所顾忌了，还是风光外表下，那颗急需得到认同和肯定的心迫切地想要洗牌重来。

（采写／宋寻）

印象：底线就在那串儿数字上

文／杨闳

在王晶的“官方”名号诸如“无厘头导演”“商业片导演”“香港最成功的三级片导演”等等前，我们观众尤其是内地的观众，通常更愿意称他为“螳螂导演”——就因为他曾在片中扮演肥螳螂的经典角色。、

一位导演以一个卡通化的角色被人记住，这多少有点尴尬，但放在王晶那里，这是一份财富，这是一份可以令其待在不赔钱的商业片导演群里不掉队的财富。

这位迄今已经执导三十余年的导演，光是署在其名下的导演作品就已经过百部，要想在百部作品的数字前要求其不重复、重视艺术质量，这简直不可能。王晶是被丑化的商业片导演，某种程度上，他被习惯性地忽视甚至是诋毁，他的成绩单尽管不错，但总是与“不入流”纠缠不清。在30年100部影片的面前，我们至少要送其一顶爱岗敬业的帽子吧。可在此刻我们必须平心静气地承认——用香港影帝级的黄秋生的话说便是——“那个时代90%都是烂片。”对于这样一个几乎不用争辩的事实，估计王晶也不会在意，他更在意的是这些过百部足以令其他同行一生难以接近的数字是否都赚钱了，它们投入与产出在数字上的比例是多少。既然是商业片导演，王晶将数字看得比其他更重要，这是职业道德使然，拿人钱财替人消灾，你不能一边骂钱臭，一边大把大把地往自己口袋里装，装来

装去迟早被人看出来是在装逼。王晶不属于这种，你可以觉得他大言不惭，但不能不承认他对自己的欲望和需求从不隐瞒。

从《最佳损友》《赌神》《赌侠》《千王之王》《新金瓶梅》到《花心大少》、《精装追女仔》等"沟女"（泡妞）系列，王晶将人低到恰到好处的欲望展示了出来，从赌博的贪婪和帅气到对女色的迷恋和花痴般的追逐，你可以说他低级、大众口味、媚俗，但不能不承认王晶正是看穿了人性的某个切面，然后在几十年如一日的车间里奋力顽强地打造着自己的精神与欲望交织出来的产品。受用者远远大于鄙视者，甚至有时候，这里的鄙视者与受用者有重叠的部分，边看边爽边骂，这也是我们对王晶多年的一种态度。

即便不提王晶在赚钱之余资助许鞍华那样不赚钱的导演拍片，仅聊他多年在商业战场上不厌其烦地拍烂片赚小钱的勇气，也得承认他是一位充满职业感的导演。他不是没有底线，而是底线就放在最明晃晃的地方常常被人视而不见，他的底线就是那一串活灵活现的数字，这数字要对得起投资人，更不能辜负深深了解他的买票入场的观众。

关锦鹏

香港著名导演，28岁开始执导第一部影片《女人心》，先后执导了《胭脂扣》《阮玲玉》《红玫瑰，白玫瑰》《愈快乐愈堕落》和《蓝宇》等一系列电影佳作，电影《阮玲玉》更为张曼玉赢得了柏林电影节最佳女演员金熊奖。这也是中国艺人首次在这个奖项上折桂。

★香港文艺片先驱

关锦鹏：让香港电影散发女性气质

关锦鹏的电影面目，关锦鹏的特立独行，让我们无法将探寻华语电影历史的目光从他身上挪开。如我们所知，关锦鹏是一位拍摄女性题材电影的高手。20多年来，关锦鹏的镜头始终投向孤单的个体、真实的情感及繁复的性别关系。他坦陈，在电影中对女性的观照，“与我的性取向有关”。也许正因“同志”所拥有的敏感、细腻和精致，关锦鹏的电影凸显出逶迤绮丽的女性气质，让他在对女性情感、同志情感的表达中，孤独而傲然地站立在华语电影导演的阵群中，优雅而不悲情。关锦鹏身上的三个标签变迁，同样代表了香港电影的发展。

年少的关锦鹏也做明星梦，最终电影对他的吸引占了上风。他进入无线工作以及之后做副导演，受许鞍华、严浩等一批新浪潮导演的影响颇深。

南都娱乐：你的从艺之路可以追溯到1976年开始的无线艺员生涯，那批无线艺员对后来香港电影大革命有什么作用？

关锦鹏：很大作用。我那时不算火，因为那时还未到20世纪80年代初，还不在香港电影大革命之时。我入班时，周润发是第三届，他当临时演员，没有大红。我们经常看到他演一些配角，衙门里面的衙差，拿着棍子叫“升堂”之类的。一年后，我们班进入《狂潮》剧组做临时演员实习，周润发与狄波拉、缪骞人演的，他是第一男主角。那之后，他才大红。

南都娱乐：事实上，你的艺员班同辈最终走上电影导演之路的只有你一个。无线电视当时的背景对于你的导演生涯来讲，是不是就是一个开始？

关锦鹏：可以这么看。我对戏剧行业很好奇。中学毕业考进浸会学院念大众传播，边上大学边上训练班。毕业后我决定留在电视台工作，不管幕前幕后。那时无线电视有一个用16厘米胶片拍电视单元剧的组别，内容多为社会所关注的东西。后来举足轻重的几位导演，包括许鞍华、谭家明都在无线。他们还没开始拍电影，只是参与这些剧情单元剧。如许鞍华、严浩的《CID》，谭家明的《七女性》。我作为一个影像爱好者，很吃惊，觉得它们很好看。我就主动要求调到幕后去，去当这群导演的场记，一年多之后当助理编导。

南都娱乐：那时正值香港电影新浪潮的开始，你觉得自己是继承新浪潮衣钵的导演之一吗？

关锦鹏：是。香港电影到20世纪70年代中期，观众开始觉得没太多新意。那时邵氏、嘉禾是主流，他们都在摄影棚里拍搭景的武侠电影、歌舞电影。市民生活上感到这个城市在变，但电影还故步自封，所以当许鞍华那群新浪潮导演拍出反映很多社会问题的作品时，观众一下开了眼界。我们发觉，电影不是邵氏公司的年代了，不是张彻的武侠年代了，我们应该拍一些更具社会意义、更能表现香港本位文化东西的影片。

南都娱乐：你最初是以做许鞍华的副导演起家的。有人说许鞍华是你的师傅，她的女性电影对你后来的女性电影是否存在某种启示？

关锦鹏：当然，而且影响我的不止许鞍华一个。当时，我被公认是“副导演王”，几乎每个导演都争取我来当他的副导。我当许鞍华的副导演时，基本不参与剧本，只负责如何把各方的联系都弄好，有些东西你不可以去模仿，也模仿不了。但坦白说，不光许鞍华是我师傅，谭家明、严浩也都是我师傅……精神传承是最重要的，而不是教的什么。许鞍华的电影也有很多女性题材的东西，但她观照女性的角度和我的不太一样，这可能和我的性取向有关系。

1986年，《地下情》，关锦鹏让梁朝伟的忧郁之气首见天人；1987年，《胭脂扣》，关锦鹏成就张国荣与梅艳芳的唯一一次合作；1992年，《阮玲玉》，关锦鹏令张曼玉从花瓶涅槃至柏林电影节首位华人影后……他成了最著名的女性题材电影导演，对演员特质的发掘独具慧眼。

南都娱乐：1983年你正式做导演，处女作《女人心》所含的女性角度是观照女性电影的开始吗？

关锦鹏：有评论说它貌似女性电影，但里面有很多东西是从男性的角度把女性贬下来的。他们以为我在宣扬男权，其实根本不是。我当导演很幸运，但也不太顺利。1983年，珠城电影公司老板娘梁李少霞给了我一笔定金，让我试下。后来资金还是出了问题，最终邵氏出资。《女人心》票房不错，第二部《地下情》的票房虽然没有《女人心》的好，但我觉得，《地下情》才是我作为一个导演开始被定性的标志。

南都娱乐：《地下情》叫好不叫座，但梁朝伟正是凭这部戏拿下了他人生中第一个影帝的奖座，是你把他从电视剧带向了电影。

关锦鹏：其实那时的梁朝伟缺的就是一个让他迸发的机会。

他的演技在电视上已被公认为最好，但是没被电影界认可。他有意转型，但毕竟还年轻，很懵懂。他的眼神让我看到了忧郁，就算他演《鹿鼎记》，只要当他沉下来，那种忧郁就会马上浮现出来。拍《地下情》时，他有两次失场。我们整队人在等他，当时包括周润发这个“大牌”也在等。梁朝伟可能是前一天晚上情绪没调整过来，联络不到他。我跟所有人说，梁朝伟来的时候不准再提这件事，当没发生过。他来了后，也没说什么，只是一个眼神，拍拍肩，大家就已经交流过了。这种感觉特别棒。我一直很看好他这个演员，甚至到一种“爱”的地步。

南都娱乐：之后拍《胭脂扣》，你选择了梅艳芳和张国荣，对于香港电影史来讲，这部电影的意义非同一般。它对你的导演生涯是否也有历史意味？

关锦鹏：肯定有。《胭脂扣》对我来说既是转折点，又是一辈子的遗憾。2002年，有一个项目叫做《逆光风》，我想再找他俩来演。我们三个都很兴奋，要在欧洲拍，而且是有一点动作戏的，后来预算太大了，我说没关系，先把剧本写好，今年不拍明年不拍，后年也可以。结果两人就先后离我而去了。那时候，张国荣在筹备自己做导演的一部戏，到青岛看景，不太满意，接着投资方出问题，对他的打击很大。梅艳芳状态也不好，跟她面对的一些感情压力有关，当时别人在传她和成龙的绯闻。

南都娱乐：《阮玲玉》是你女性题材的巅峰之作，你的老上海情结都放在了阮玲玉上？

关锦鹏：是的，我很爱看阮玲玉的电影。当年艺术中心有一个阮玲玉回顾展，出场时我买了一本摄影集，看到里面有一张阮玲玉葬礼的照片，她躺在床上，旁边一堆花。当时我吓了一跳，怎么那么像梅艳芳？我还把那本摄影集带给梅艳芳看，她也吓一跳，大家决定再合作，但后来她决定不再来内地拍戏了。我已在上海准备了，没办法，最后就让张曼玉来演。

南都娱乐：总觉得你对演员的选择和激发很到位，在《人在纽约》、《阮玲玉》之前，张曼玉只被看作一个“花瓶”。

关锦鹏：这是一种时机和缘分。我碰到张曼玉时，她正想转变，就像是蛹变成蝴蝶那样。她付出很多，《阮玲玉》中，20世纪二三十年代女人的眉毛都是先剃掉再用眉笔画上去的。刚开始张曼玉就说，我什么都能做，就是不能剃掉眉毛。我们只好用胶水把她的眉毛粘得很细，但开机前我们试拍了一段，看片时她偷偷溜进来，之后也没说话就走了。当晚我们开会，她进来，两手遮着眉毛部分说：“阿关，我剃掉了。”

1997年，关锦鹏自转体纪录片《男生女相》面世，宣告“出柜”。2001年，他的第一部同志电影《蓝宇》问世。除了女性题材导演，关锦鹏又多了一个新身份：同志电影导演。

南都娱乐：1997年的《男生女相》，焦熊屏曾评论说你以此走进中国电影史。你把它献给了父亲，也坦陈了自己的性取向。

关锦鹏：我没把“出柜”看得那么严重。以前我就很自在，我秉持一个观念：我是gay，但我没有必要特意告诉别人我是。之前，我好像没有一个很自觉的冲动要把作品跟性取向联系在一起。但到了《男生女相》，我看到了比我有勇气的那些朋友。从我父亲开始，从我看邵氏电影里男人跟男人之间的情谊、看他们袒胸露背的身体开始，从小时候我看那种广东大戏，男扮女装女扮男装开始，这是我的历程。那次是我第一次做电影以外的东西，但是很坦然，没有经过挣扎。

南都娱乐：1998年，你拍了《愈快乐愈堕落》。反观你拍过的同志电影，这部电影或多或少带有一种过渡性。你怎样看待它？

关锦鹏：这部片子的不同角色身上有我不同阶段的东西。比如曾志伟那个角色，人到中年比较孤独，把感情看得比较真实但又得不到，那性怎么解决？年轻人那个角色，代表我在自己年轻时，对性取向比较懵懂，有点犹豫有点害怕有点挣扎，不知自己该喜欢男人还是女人。所以拍这个片子的过程让我觉得自己可以把最私密的东西说出来，我敢。而这种坦然，不管你是自觉还是不自觉，都会渗透到你的创作中去。侯孝贤跟我说过一句话："即近即远，即远即近"。

南都娱乐：2001年的《蓝宇》是你首部完全意义上的同志电影，也是华语电影中的一颗炸弹，"砰"一下把大家都震了。

关锦鹏：我拍过这么多电影，但论起整部电影的制作纯度，《蓝宇》最纯粹。第一，它不是原创剧本，是一个网上小说。在我决定拍之前很多朋友都奇怪，因为可能会被禁掉。张国荣也反对，他说你发神经病啊，你为什么非跑到内地去拍这样的地下题材。但这部小说让我想起我和我男朋友10多年的关系，我想拍！这个戏就是要在内地拍，包括裸体戏，两个男人做爱的戏，其实都可以在香港找个棚来拍，我不要，包括演员。我就要在北京拍，而且不用香港大演员，用内地演员。

南都娱乐：当时内地电影环境与香港有很大差异，这种差异当时有没压迫到你？

关锦鹏：什么都不管了，纯粹到极点。我们就是一门心思拍好这部戏。选胡军时，很多网友质疑，不是应该唇红齿白、比较秀气吗？但是我自己是同志，我喜欢男人，我也知道自己是男人，但从我自己对同志的理解，很多类型的男孩子我都见过，不管是陈捍东或者蓝宇，我不希望把印象中的同志典型化、程式化。

南都娱乐：最后总结一下，作为一个导演，你对自己哪一个时期的电影最有感情？

关锦鹏：不同阶段吧，例如《地下情》，那时候我虽然懵懂，但是那种锐利的东西，今天没有了。经过《男生女相》之后我发现原来我不忌讳那种天生的东西，同时又可以很客观地记录和表达。今天的电影圈与以前相比肯定有变化的，这很自然。像我这样的有好几个导演，从20世纪80年代得到一些天时地利的机会，拍一些个人风格的影片，有了自己的独立性。我们不是那种拍一部电影就一堆制片人涌过来的导演，但生存空间还是有的，我们还在走自己的路。

【记者手记】

关锦鹏之于整个华语电影史，是独树一帜的。关锦鹏以个体私人化的影像走进华语电影，将个体感情表达的诉求引入华语电影，他开启了一个新的时代。他的女性电影，弥补了女性在强势男权占据要位的华语电影体系中的缺位；他的同志电影，则是导演个体经验对特定群体的精准代言。不论同性，不论异性，关锦鹏永远意欲表达的，只是“个体的、人与人之间的情感”，用最“关锦鹏”的语言来表达。关锦鹏所引领的看似个体、看似边缘，然而，边缘和小众永远不是稳立于电影长河的羁绊。只有人性之光辉，永世常青。

（采写／吴飒）

印象：水中无刀关锦鹏

文／赛人

许鞍华的第二部电影、刘德华的第一部电影《投奔怒海》，借欧洲政治片的大套路，道出港人特有的家国情怀，其中那份缓缓的惨烈屡屡让人心绪不宁。这部电影的演职员中，有两个人后来都做了导演，一位是美工区丁平，后来拍了周润发主演的《花城》和《梦中人》，另一位就是副导演关锦鹏。

关锦鹏除了给许鞍华当过助手，还和其他香港新浪潮导演有过合作。以许鞍华、徐克、方育平、严浩为代表的，给香港电影注入全新活力的干将们，虽掀起新浪潮的狂飙，但维持不到几年就偃旗息鼓了，导演们不是坐起冷板凳，就是改弦更张。关锦鹏虽不属新浪潮的阵营，但也算亲眼目睹了这场电影运动的浮沉盛衰。轮到他自己执导筒，却始终坚持新浪潮最初萌动时的朝气和信念，那便是通过影以载道的风范，诉求专属港人的家国梦。而专属关锦鹏本人的，便是他对女性的深切体察。

作为所谓自由港的香江所在，香港虽深受西方文化的熏染，但在影像上，几乎全以男性视角展现这个现代大都会的生死爱恨。关锦鹏从最早的《女人心》，到令人刮目相看的《胭脂扣》，直至后来争端四起的《长恨歌》，一直畅游于女性世界的纷扰和持守中，并流露出自己所特有的历史况味。好比《胭脂扣》的如花，经生死轮回，等不来十四少，最后竹篮打水一场空；又如《长恨歌》中的王琦瑶，在各色男人间周旋，从豆蔻到迟暮，临了还得让一个男人结束她的性命。关锦鹏的女性表达既是古典的线性叙述，端庄的影像构置，又具有一个现代男性妄图抹平性别界限，以平等目光注视女性个体的心机四伏。由此，关锦鹏成为香港电影的一个异数。这点他比他的老师、身为女性的许鞍华走得更远。关锦鹏本人也因此获得香港新浪潮之后极为突出的导演站位，和王家卫、张之亮一道继续挥舞着香港文艺片的大旗。

之所以能拍出淡雅中见华丽的女性电影，关锦鹏将原因归为自己的性取向。他的同性恋身份帮助他以客观和较为全面的角度描摹女性身心，看到最不易窥视的隐痛。关锦鹏的“出柜”，借的是纪录片《男生女相》。在里面他竟然采访自己的母亲，问她是否为有这样一个儿子感到忧虑。母亲的无奈多于宽容。《男生女相》里，关锦鹏还采访了陈凯歌、谢晋，对他们影片中的同性恋意识进行探寻，就张彻、吴宇森电影中的男性情谊提出新见解。这是关锦鹏用影像写就的一篇言之有物兼生机盎然的电影论文。

近年来，关锦鹏电影的产量锐减，质量也参差不齐。我曾说过，就算关锦鹏在《阮玲玉》之后不拍电影，或拍了许多不尽如人意的电影，他在中国电影史上还是会有他独特和鲜明的地位。好在情况还没有那么糟糕。他的电影绝大多数保持了电影所应有的优良品格。关锦鹏是个谦和而多思的人。在他的另一部纪录片《去日苦多》里，他谈到了和他同时代的王家卫。他说他看书没有王家卫多，音乐也没有王家卫听得多。但这就是关锦鹏，一个拍什么我都会去看的关锦鹏。

尔冬升

香港全能型电影人，年轻时外形俊朗，为邵氏电影公司武侠小生。后转型为编剧及导演，曾两度获得香港电影金像奖最佳导演及最佳编剧，并监制过十余部电影。

★香港全能电影人

尔冬升：做导演就是享受无中生有的过程

“完全电影人”，对于尔冬升来说是一个恰当的称呼，家中20多人从事电影行业，出生至今半个世纪浸泡在电影圈内；他又是一名全能电影人，曾是末代邵氏老片的倜傥小生，后来潇洒转型当起导演，最拿手的是以细腻见长的文艺片如《新不了情》等，而《旺角黑夜》等反映社会边缘问题的电影同样深入人心，做大量资料搜集后渗透出来的现实情怀令人动容，并多次横扫金像、金马多个奖项。

出身电影世家

“为拍拖我决定做演员”

尔冬升似乎生下来就是注定吃这行饭的。父亲是香港20世纪五六十年代著名制片、导演尔光，母亲是演员红薇，两位同母异父的兄弟秦沛、姜大卫是知名演员，家族中有20多人在电影圈工作。他从小在片场玩着长大，对拍摄现场的一景一物再熟悉不过。17岁中学毕业后的暑假，为了不与初恋女友、后来当红的电视花旦余安安分离，他放弃到国外升学而晋身香港演艺圈，由此开始了与电影的半生不解之缘。

南都娱乐：出生于电影世家，你当初入行应该算是顺理成章的事吧？

尔冬升：以前香港电影圈入行也不是那么容易，又没有训练班，都是家里人的关系。那时电影演员的生活不是很好，大家会照顾自己人，有孩子的会叫他抱个孩子来演，像我哥哥秦沛还在襁褓的时候就已经在片场被“出租”拍片了。我妈妈艺名是红薇，整个电影圈都知道红薇有个小孩，那就让他在戏里演一个宝宝的角色吧。我已经比较幸运了，4岁才开始拍戏。后来真正入行是因为家里是做电影的，我又长得高，去看首映时让邵氏公司高层看到，就问这是谁啊，秦沛说：“是我弟弟！”于是他们就问我要不要去拍戏。整个电影圈里，我家里人是最多的，有20多个人做这行。

南都娱乐：但是哥哥姜大卫本来要送你去加拿大读书的。

尔冬升：对啊，这不就是命运嘛。做明星哦，而且那时候在拍拖，年轻人正在拍拖忽然要离开，觉得像生离死别一样惨。其实是读完中学的那个暑假，在走与不走之间，在那一刹间就决定了。那时候的女友是余安安，她已经在给杂志拍照做模特，其实我比她早签约，但后来她却比我先拍戏，总之后来我就决定做演员了。

南都娱乐：结果拍了戏才两年，你就在《三少爷的剑》中出演主角了。

尔冬升：拍了一部《阿sir毒后老虎枪》，第二部是楚原导演改编古龙小说的《白玉老虎》，然后演《三少爷的剑》，做主角，但其实那时候我整个……我有一张旧剧的碟，但都不敢看，看自己从前的样子会很害怕，还是等老一点再看吧，哈哈，大部分电影都会过时的。那时候我和邵氏公司签了8年长约，走的是美国式制度，跟现在电视台一样，那时也有外面的大公司包括台湾地区那边的找过我，有很多诱惑却又赚不到钱，心理会不平衡的，但又走不了。

南都娱乐：后来邵氏停产，小生转型做导演，你有没有觉得可惜？

尔冬升：不会的，做导演是兴趣，谁也没法逼我。当演员时，我会和年纪相仿的副导演一起看戏，进行比较分析。我做导演之后也还在演戏，跑回去当演员，还不是全职的导演，直至1995年之后才完全不演戏。在《门徒》里我演了一个角色，很多人以为我要复出，其实那时是找不到演员，而且超支了，为了省点钱就自己演算了。其实现在再让我当演员，我已不再享受那个过程了，最主要的原因是不想那么被动。做导演，我是从一个念头开始，想拍这么一部戏，于是搜集资料，剧本慢慢成型，一部戏从无中生有到真正拍出来，这个过程会有很多困难，但你会有创造的满足感。当演员，100个人都未必能有一个出挑，既被动，又要讲运气，又要讲观众缘，你能不能等到好的电影角色，全部都是被动的。做导演最重要还是兴趣，那时候放弃做演员就等于放弃了收入，这是需要考虑很多的。

文艺和社会间游走
“不会再和张曼玉合作电影”

每一个演员几乎都逃不过“等”的宿命，等剧本，等团队，等机缘，等运气。正是难以忍受这种被动，加上自身的兴趣和悟性，1985年邵氏停产，最终成为了影星尔冬升向导演尔冬升转型的一个契机。尽管那几年还会继续演戏过过戏瘾，例如他会到台湾地区拍戏，包括与巩俐联袂演出《画魂》，但导演之路已经铺开，他中学毕业后没有继续升学，一直遗憾读书不够好，剧本却必是亲自写，文艺风格和反映社会问题是他的两把利刃，尤其后者令他每次都要做长期大量的资料搜集。他说，如果不入这行，他可能会是在报馆里写专题报道的那类人。

南都娱乐：你做幕后都喜欢尝试一些另类的题材，像1981年的《猫头鹰》，还有后来首部执导就横扫金像奖的《癫佬正传》。

尔冬升：《猫头鹰》是我写的剧本，曾志伟做导演，他也整天提起，可能无厘头我们才是始创者。从《癫佬正传》到《旺角黑夜》，包括现在的《新宿事件》，我也不知道我为什么这么爱写实，做这么多资料搜集，如果不入这一行，做新闻的话我可能就是写专题报道的那类人。但电影其实又都比较功利，我们从生活中取材是一种商业行为。而就算有很多严重的社会问题，电影的作用也只是启动这个话题，后续的事情全部不是电影做的。而且也往往是在整个市道好的情况下才能这么做，歌舞升平的时候，你将社会问题揭露出来能引人关注；但当经济不景工厂收缩的时候，人们本身都自顾不暇，看以前美国工业大萧条时期，全都是歌舞片娱乐片。

南都娱乐：你似乎也很能挖掘女演员的潜质？

尔冬升：好像也有一点，你说会不会是异性相吸？我又不觉得我很喜欢看女孩子，或者很好色，哈哈。有些导演如果拍一部爱情片则自己也要投入，我从来不会爱上女主角。但我有时写剧本的时候，好像也是写女孩子的部分会突出一点。筹拍《新不了情》的时候，见到袁咏仪就已经定下来了，她那时候很瘦，眼神却很精灵，走路蹦蹦跳跳的像男孩子一样，没有什么仪态，最符合剧本里那个最有生命力的女孩子的感觉。拍《烈火战车》时找还在念书的梁咏琪来演，因为戏里刘德华身后的女孩子很朴素贤淑，我还专门弄来一副眼镜给她戴着，让她不要显得那么靓丽。拍《色情男女》时我专门去台湾见舒淇，但她即使不和我合作也会上位的，她是有天分的聪明女孩子，她本身就是吃这行饭的，只不过我们有合作的缘分而已。其实我从来不觉得我提携了一个演员，最重要的是遇到一个好的角色，有的人很惨，演了一辈子戏，都等不到一个给观众留下深刻印象的角色，这也是命。

南都娱乐：会考虑和张曼玉合作拍一部电影吗？

尔冬升：不会了，也没有坐下来谈过合作，她比我还避讳。

南都娱乐：《色情男女》算比较大胆，你找来张国荣这样大牌的演员演，他犹豫过吗？

尔冬升：没有，那时的张国荣就好像现在的古天乐、吴彦祖那样，想改变一下，其实他一向很敢接不同类型的戏，不要忘记他初出道的时候也拍过所谓的三级片（张国荣在1978年的银幕处女作《红楼春上春》中饰演贾宝玉），当然现在看来也没有多三级，他一向都是大胆的，你看他上台表演的服装也很大胆。甚至当年要不是因为他，莫文蔚也未必敢接戏，他在现场帮了我们不少，因为即使是很简单的床上戏，在现场大家也很紧张，但是你知道女明星对他的信任感是很强的。我觉得和他合作的时候是最好的时候，他已过了当偶像歌星的巅峰期，完全不介意别人怎么看他，所以很放得开。

南都娱乐：你这几年多和古天乐、吴彦祖合作，是不是这个年代出色的男明星很匮乏？

尔冬升：这个时代的演员你可以数得出来，华仔和伟仔其实也差不多50岁了，当然不是说他们老，成熟的演员还是有分量的。男演员要成熟才能散发出男人味，这起码要到30岁之后，而现在30多岁的男一号，除了吴彦祖和古天乐外，还有我很欣赏的陈奕迅，但是他的戏路又比较受限制。我和青云的交情就更久了，虽然合作并不是太多，有人说我们长得像，曾经还有人把我们两人认错了。其实以前更像一点，现在我老了，和他的距离拉大了，哈哈。

南都娱乐：这几年你持续关注边缘故事，包括之前的《旺角黑夜》和《门徒》。

尔冬升：《旺角黑夜》的故事是一位警察朋友跟我说起的，他担心了一晚去找那样一个人，但真实故事与电影里不一样的是，他最后是早上在便利店买早餐时碰到那个人，然后就把他抓起来了。当然那一晚他很害怕，因为怀疑那个人有枪，他说你不要拍得我们这么英雄。我有很多警察朋友，他们会告诉我很多故事，所以也是有一个灵感之后，就要靠创作了。包括后来的《门徒》，很多东西都是靠幻想和资料搜集，比如说制毒工场，有几个人能真正见到呢？就算警察也不会看到他是怎么做的，我只是知道了这个道具，就猜测他们怎么样做，问化学专家大概是怎样，然后自己构思出来，资料搜集要做很多功课，遇到一些专家但他又未必善于表达，有时也需要运气。

全能电影人
“最享受无中生有的感觉，庆幸《新宿事件》能保留完整版”

尔冬升是从小在九龙城长大的街童，也许正是“基层”的本质令其现实视角有了真诚品质，他说宁愿做一个握有灵感可以“无中生有”的导演，而不愿享受年轻时做明星被关注的感觉。此前的《旺角黑夜》、《门徒》在内地顺利公映，使他已经成为香港导演圈内的“过审”顾问，但今年的《新宿事件》却因审查制度而最终放弃了在内地上映，在艺术和商业上的双重顾虑之间，他唯一庆幸的是作品得以以全貌示人，没有太难堪的妥协。中年之后回看人生，他用拍戏譬喻，一切都是机缘：“很多时候你很想拍一部戏，但是没拍到你会很不开心，但可能是这部戏的时机还没到。”

南都娱乐：你从做演员开始，哪些导演对你影响比较大？

尔冬升：做导演各人有各人的方法，各门各派的都有，我没有派别，都是累积的。从年轻的时候开始就与那么多导演合作过，我在现场会观察导演怎么拍戏，当我已经不是新人的时候，我会看他怎么教新人，从中我就能捕捉到他的心得。楚原是我合作最多的导演，从新人开始就跟他拍戏，他教过我很多基本的东西，从走位到控制情绪。但其他导演也对我有不少影响，像台湾地区的丁善玺导演，我拍过他的很多军事片，会从中学习，像他的《国父传》，我到现在还没有遗忘。那时他的副导演全都是正式的导演，都是他的徒弟。看见他在现场控制战争场面，我才知道原来是这样拍的，虽然到现在都没有运用到。从演员做到导演、监制、出品人和老板，我才算笼统地修完了电影这门课程。

南都娱乐：你在这个圈里最大的收获是什么？

尔冬升：我4岁开始拍戏，从小到大看到娱乐圈的事情都已习以为常，比如说这个圈很现实什么的，长辈都会提醒。我从小就在片场玩，电影圈对我来说不是什么很憧憬的事情。我是在基层长大的街童，我们家也不是很有钱，小时候住在九龙城，家里楼下是有很多档口的街市，我做了明星之后其实是和真实社会脱节的，但我喜欢做资料搜集，关注各行各业，于是我做了导演感觉舒适了。在香港别人认得我也只是因为我是导演，别人见了我也是说：“喂，导演！”老人家见了我会说：“你以前拍戏的哦，哇，原来你这么高啊！”我不享受很多人过来给我拍照和拥有粉丝的感觉，好在当年做明星时没有现在这么厉害。很难形容无中生有的感觉，我脑海中有一个灵感，到最后我拍出来以后，满足感很大。

南都娱乐：《新宿事件》因审查问题而放弃在内地上映，你会觉得遗憾吗？

尔冬升：没有办法，这部戏确实是比较暴力，当然我不觉得是不可接受的。在香港的角度来看，我们看欧洲、日本、韩国电影也有很暴力的，但内地现有制度是要老少咸宜的，没有分级。如果我要剪完那些暴力部分，戏里的逻辑就不完整，如果戏里吴彦祖不是被惨烈地虐打，成龙怎么会拿起刀给他报仇呢？硬要推出一个删减版的话，观众看了以后一定会骂。我剪了一个温和版本，结果两位内地监制、三位香港监制看了后觉得虽不至于支离破碎，但也很莫名其妙。当然放弃内地市场，金钱上的损失是有的，我和成龙都是老板，我们和英皇的杨生（香港英皇总裁杨受成）谈过，我们开会不到十分钟就已经决定了，因为如果用不完整版本全球上映，对成龙、我和公司都会有不好的影响。很感激能保留这个完整版本，现状就是这样，所以也没有说什么遗憾了。

南都娱乐：你觉得内地的分级制度什么时候能实行？

尔冬升：不知道，这个说了很多年了。但我也不觉得永远会这样，毕竟自由发行也不是很多年的事，整个工业的行规还在完善。香港的业界曾经也是提出好多年了才实行分级，那时候只有两级，其中一级是“儿童不宜”，后来到要分成三级的时候也研讨了很久，因为要考虑到执行的问题。这始终是要做的，不是一步到位的，我当然希望内地能和香港接轨。其实现在也有一些戏表面上没什么，但有些画面却是不适合儿童的，就算是比较温和的暴力画面，让六七岁的小孩看依然是有问题的，始终要分级。基于保护儿童和青少年，应该先执行两级，然后再分三级四级，全球都是这样的。我前段时间还听到说要分成两级了，不知道真假，也可能还是传闻。

【记者手记】

尔冬升是一个有生活质感的本色真人，坐在他的对面，会觉得这是一个很爷们儿的人，他白发如霜，一袭普通的暗红色风衣，一眼看过去你会觉得他是一个电影工作者。尔冬升的爷们儿不是霸道，借用他对刘德华成熟演技的形容，就是“坐在那里有一种很稳的气势”。他偶尔会提到，似乎也有点在意——他老了，并开玩笑说减产要退休，不过他能赋闲的时机显然还没到。

（采写／叶晓萍）

印象：港片迷那最后一片怀旧时光

文／杨文

我可以很明确地知道到底是什么样的人才会对尔冬升着迷：港片的拥趸、港片的拥趸、港片的最后一批拥趸。

这是个很奇怪的现象，当我们看到尔冬升，自然而然就会想起当年他在邵氏做当红小生的盛况，想起他和同母异父的两兄弟（姜大卫、秦沛）叱咤影坛的旧时光，想起那个年代的港片所面临的繁华盛世。他仿佛是个旧时偶像的代名词，以至于我们往往忽略他文艺现实主义的导演特质。

处女作《癫佬正传》是说残疾人的生活，《人民英雄》在银行劫匪的外壳下讲述人们生活的困顿，《新不了情》表现年轻人的心态，《色情男女》关心行业内的现状，《忘不了》说下岗女工，《早熟》说未成年早孕，《旺角黑夜》说北妹……你很难相信香港有一个这样的导演在拍这样的商业片，他不以噱头为乐，反而切实地关心自己四周的一切生活，不矫情，不做作，不以文艺为名，不高举什么大旗，他在商业片的外包装下把整个社会剖析给你看，更重要的是，极有水准地摆在了我们面前。

我们可以说，尔冬升是香港电影界极少失手的导演之一，翻开他的作品列表，你几乎看不到那种大失水准的电影，这与日薄西山的香港电影形成了鲜明的对照。他是个从香港电影辉煌期中走出的人，或许在他的身上，我们能找到我们心目中的香港电影的残影，尽管我们希望香港电影是这样发展的，但总显得那么不切实际，而尔冬升本人，似乎也总被这种悲情所笼罩。

困顿，挣扎，反抗，无能为力。我们总能在他的电影中找到那种宿命的影子，他曾高呼港片已死，他也曾为港片作过最后的努力，如果说谁会是香港电影的写照，我想不会是杜琪峰、许鞍华之类坚守香港的人，而应该是尔冬升，这个一路坎坷的行人。

我不知道除却香港电影的拥趸外还有谁切实地喜欢过尔冬升，近些年他导演或监制的任何一部作品，我们了解消息的渠道都是通过那些大名鼎鼎的演员，尽管我们私下承认，他是个优质的导演，但这丝毫不能改变我们对他的漠视。

1993年11月，《新不了情》入围金马奖，台湾地区媒体大篇幅做了红薇（尔冬升母亲）一门四杰的报道。2011年10月，尔冬升母亲去世，翻遍大小报章，关于此事的新闻只是少数媒体的只言片语。或许我们已经过了香港电影最辉煌的年代，我们不再关注香港影坛的一举一动，我们甚至不再关心尔冬升的下一部作品是什么，我们关注《大魔术师》，只是因为梁朝伟，我们关注《消失的子弹》，只是因为杨幂，我们离纯正的香港电影早已很远，他留给我们的，只有那不愿忘却的记忆。

刘镇伟

香港著名导演、编剧。1987年执导首部作品《猛鬼差馆》，其后执导了多部商业片，以无厘头搞笑风格著称，最为成功的是周星驰主演的《赌圣》、《大话西游》系列以及《东成西就》、《天下无双》等。

★“无厘头”大师

刘镇伟：我跟大学生说，你们说的后现代我都不懂

刘镇伟，是香港喜剧类型片里不能忽视的名字，他非专业出身，却是集导演、编剧、监制、演员于一身的影坛怪才。尽管经历了香港电影的黄金年代，但却也被电影搞得一无所有。一部《大话西游》令他伤心退休，却又令全中国的大学生将他视为后现代主义经典。他用天马行空的想象力和颠覆性，在以市场为导向的香港影圈中展现出独一无二的“无厘头”风格。

从制片老板到一无所有

“王家卫就给我取别名技安，我给他取了金麦基”

初入香港电影圈的刘镇伟，并不是以喜剧电影起家的，1980年他担任世纪影业公司制片经理时，参与监制的是谭家明导演的《烈火青春》一类的香港新浪潮电影。也正是在那个时候，他结识了与其风格完全相反的王家卫，两人从微时建立起的友情，对他影响深远。

南都娱乐：很难想象你的电影生涯是从香港新浪潮开始的。

刘镇伟：对，但我其实不是文艺青年，我只是能包容很多东西，我愿意去尝试不同类型的东西，可这条路行不通。新浪潮之后我所有的事业都垮掉了，我拿着最后的几十万元到内地来做生意，结果在北京，一毛钱都没有了。我还记得那天正好是我太太生日，我站在友谊商店门口，看见一件皮大衣，价格是23000多元，我其实没钱，就拿了信用卡买了，回去送给我太太，我太太哭得很厉害，我都不知道怎么去还这个钱，反正当时的我就是一贯的想法，先去做，别想它。

南都娱乐：后来怎么又回电影圈了？

刘镇伟：有一天，邓光荣来找我，他成立了一个公司，哇，谢天谢地。他其实是想我打理资金运作上的事情，但我就想抓住这个机会尝试幕后创作，所以我对他开的唯一一个条件就是让我当导演（笑），可电影公司得有自己的创作班底，我又不懂得写东西，所以我又跟他说不如找王家卫。结果他一听是王家卫就说不要，因为王家卫是那种从来不交稿的编剧，已经上了好几个电影公司的黑名单，但我觉得王家卫是人才。最后我跟王家卫一起加盟了邓光荣的“影之杰”。

南都娱乐：你跟王家卫很早就认识了？你们是怎么认识的？

刘镇伟：我还在世纪影业的时候，有一个导演叫廖伟雄，他在拍《吉人天相》时叫我给他客串一个人物，我说我演戏不行，但他说我形象很好。谁知道他拍了一上午，中午就回去赶TVB，下午就派了另一个人来，帮他拍几个镜头。那个人戴个眼镜，我坐在镜头前面什么都不懂，他就很有耐心地教我，不过他当时拍戏就很慢（笑）。我心想这人对电影还挺熟的，就问他是谁，他说他是编剧，叫王家卫。就这样我们认识了。那天晚上拍戏到很晚，我们一起吃宵夜，讲到电影，我发现他很聪明，我其实是故意乱来一通，他却都能应对自如。

南都娱乐：但你俩当时都怀才不遇。

刘镇伟：是，我俩都很穷，对电影有很多想法，但又怕做不好，所以我们合作《猛鬼差馆》时，才说干脆我们互相取个笔名，他就给我取名技安，我就给他取了金麦基，都是这部戏里的人物，用这两个名字去闯荡江湖，要是失败了也不要紧，到时就打死不认是我们（笑），但他没胆子用。

巅峰：从市场保证到伤心归隐
“第三集本来要找周星驰做唐僧”

从《猛鬼差馆》开始，刘镇伟逐渐摸索出一条有别于市场上跟风的喜剧片道路，到1990年的《赌圣》，他正式打响了“无厘头”路线的名头，成为名噪一时的香港卖座导演。然而当时两集《大话西游》的票房惨败，令其不得不做出跟江湖说再见的决定。

南都娱乐：正式做导演后怎么先选择了拍喜剧？

刘镇伟：小时候，有一年春节我跑去看电影，是卓别林的《城市之光》，我进去时开始是笑得很开心的，结果最后一场戏，那个女孩拿着一朵花，我突然哭得很厉害，还觉得哭是很舒服的，仿佛把所有东西都发泄出来了。我想不通是为什么，但这个感觉一直留在我心里，等年纪慢慢大了，我才明白世界上有一种喜剧叫做悲喜剧，它的震撼力比纯喜剧大得多，但非常难拍。20世纪80年代刚拍电影那阵，我也不敢拍这种类型，也没有老板给你拍这样的戏，你 定要成了名，才可以去做你自己的事。但那时候，新艺城冒了出来，它拍了大量喜剧，把喜剧变成新的市场需求，老板们也跟我说现在是喜剧的天下，所以我就决定要做一个喜剧的导演。

南都娱乐：你从来没有想过不以市场为导向拍电影吗？

刘镇伟：有啊，《92黑玫瑰对黑玫瑰》。当时我已经拍了《赌圣》、《91神雕侠侣》，都是一些卖钱卖得很厉害的东西，我想拍《92黑玫瑰对黑玫瑰》，于是就去找刘德华的公司，去找嘉禾。他们一听是唱歌的就都说不要，还有一个老板骂我说“你疯了，唱歌？30年前都不唱这个了”。后来我找到了一家很小很小的公司，我敲他们的门，他们吓得说：“天呐，刘镇伟导演来找我们了！”要知道我那个时候拍的大多都是两三千万港元的预算，拍这个戏只用了675万港元，结果破了香港电影史上映时间最长的纪录，一共是186天，蛮开心的。

南都娱乐：《大话西游》也是个新尝试吧？

刘镇伟：对！想领导市场，结果失败啦。我本来以为自己想了一个很好的故事，结果没人看。原本我的计划是还有第三集，因为头两集说的都是至尊宝，他的爱是小我的爱，他爱一个女人，是很自私的爱，是人与人之间的爱，第三集就应该说唐三藏的大爱，爱全世界，为宗教、为人民、为人类付出自己，而不能爱女人。这就是后来《情癫大圣》的故事，如果当时做了，就不是谢霆锋，而是周星驰做唐三藏。

南都娱乐：结果你就干脆退休？

刘镇伟：当时我很难过，想着不拍了，要离开电影市场。与此同时它也使我醒过来，我在故事里写月光宝盒，再看看我自己，才发现我已经39岁了，我认识我太太时刚过18岁，回头一看，这么多年来这个女孩子一直支持我，而我只知道工作，我想我不在年轻的时候陪她，难道要等到60岁了再陪她吗？年轻的时候我有一个承诺，如果有一天有孩子的话，我就退休不做了，那个时候我们就决定要孩子，打定主意退休。

南都娱乐：说退就能退？

刘镇伟：当时我签了30多个合同，最后把定金都退给别人了。其中就有一个是打算找周星驰和甄子丹拍的《一代宗师叶问》，我说我不拍了，就把这个名字转给了王家卫，所以后来甄子丹跟王家卫吵架，就说到最早其实是我找他跟周星驰一起拍《叶问》的。

做中国特效电影的推手
“你们说的后现代是什么我都不懂”

《大话西游》在内地经由大学生的解读重新翻红，更将幕后推手刘镇伟推向事业巅峰，在两位好友王家卫和周星驰的劝说下，他重新出山，并将电影的注意力放在特技上，继续实践他的电影梦想。

南都娱乐：后来知道《大话西游》红了是不是特开心？

刘镇伟：是吐了一口恶气。当时王家卫打电话给我，小胖，你的电影在内地火起来了。我还不太相信，说别闹了。后来过了两三个月，周星驰电话来了，我就知道是真的了，因为别人打过来是胡闹，这个人打过来肯定就是有事情。那时候我正在做全职丈夫和父亲，每天接送女儿上下学，跟太太一起运动，做家务，偶尔写一点东西，我的女儿一直到7岁，我回香港拍《天下无双》，她才知道爸爸是搞电影的。她妈妈告诉我，女儿5岁那年，学校里问同学们你们的爸爸是干吗的，同学们有说做生意的，有说做艺术家的，我的女儿答我爸爸是做功课的，在家里写东西。

南都娱乐：听到大学生说你的电影“后现代主义”，你什么反应？

刘镇伟：就跟当年在香港别人叫我们“无厘头”一样，说我们是不正正经经说话，而是故意乱讲一些使人发笑的东西，但我其实是“有厘头”的，只不过是用了不同的角度而已。我在清华演讲时就跟大学生说，你们说的后现代是什么我都不懂。不过被人误会的事情是从你一出生就已经有的，所以不会不开心。

南都娱乐：再出山，你监制《功夫》，拍《情癫大圣》，包括最新的《机器侠》，都是些很注重特效的电影，为何对这个感兴趣了？

刘镇伟：我从来不是科幻迷，我只是一个怪怪的不正常的、外星球来的人，所以我很痛苦，太前卫了。我只要拿十几年前想的故事去拍，老板们就很喜欢。拍《大话西游》时，我已经认识了先科公司的老板，当时还没有数码科技，我就跟他说天空的颜色应该怎么弄，南天门应该怎么拍，他说我简直是个疯子，乱来一通。很多年后，他看到《情癫大圣》，发现正是我十几年前就已经跟他说的东西。

南都娱乐：后来的《情癫大圣》特效达到你的要求了？

刘镇伟：没有，我不满意，但如果我不先表达我的意思，其他人怎么知道我刘镇伟想象的天空是什么样的？所有人就都会停留在天宫就是喷干冰，神兵排两旁，玉皇大帝高高在上这种模式里。天宫在我心目中就是没有男、没有女的，是中性的，这就是为什么我的玉皇大帝是穿裙子的。我不怕被人骂，也不介意它会破坏我的名声，我要不停地往前走，虽然我是落后的，但是很多年以后，可能有一个人说刘镇伟这个导演特效做得很好。

【记者手记】

刘镇伟导演无疑很搞笑，但更令我印象深刻的，是他在每一部电影里阐释的对男女关系的爱与哀愁。虽然这个命题似乎从来不属于笑到癫的喜剧电影，但访问中，当他深情地讲起自己与太太的关系，讲起如何履行对太太的承诺，讲起“如果刘镇伟拍一部喜剧电影，能令千千万万的观众开心，而不能令他背后的女人开心，那他在前面做的所有的事情都是假的”时，我突然明白，何以他的电影能在发笑之余，令那么多“恋爱大过天”的大学生感动至今。

（采写／张燕）

印象：论一个“混蛋”的倒掉

文／杨文

人们喜欢称刘镇伟为“葡萄”，在这个称呼之前，还习惯性地加以“亲爱的”三个字，似乎不这样就不显得亲昵，不这样，就对不起他足可卖萌的那副表情。

在葡萄还没有成为葡萄之前，刘镇伟是疯癫的，现今的人们似乎总也无法领悟他当年的创造力。他把东方僵尸和西方吸血鬼合并为《猛鬼差馆》，开创了新一代僵尸片风潮，他把周星驰搬上台面拍摄《赌圣》，让星仔和无厘头电影红透大江南北，他甚至用拍武侠片的方式拍摄了现代题材的《91神雕侠侣》，你能想象得到吗，这部电影甚至是全绿幕拍摄……他的疯癫成为他的标志，当我们现在再看《92黑玫瑰对黑玫瑰》，看《东成西就》时，依旧会为之捧腹不已。

他曾经是狂妄的，狂妄到让人觉得这是个十足的混蛋，他从不介意自己的名声与名望，在他最红火的那几年，他“销声匿迹”过，他存心想挑战下观众对他作品的忠诚度。于是，在《91神雕侠侣》中，他叫黎大炜；《92黑玫瑰对黑玫瑰》中，他叫陈善之；《天长地久》中，他就叫刘宇鸣；最为人熟知的，是《猛鬼差馆》中的角色“技安”，这是他与小编剧王家卫约好的，按照承诺，王家卫以后该用一个叫“金麦基”的笔名，但他失信了，而“技安”的名字，却出现在《大话西游》等多部电影中。

然而就是这样一个家伙，在拍完那部被无数人惦记的《大话西游》后，哑火了。或许这对他是个极大的挫折，不高的票房与铺天盖地的恶评让那颗曾经狂妄的心彻底安静了下来，我们再也见不到那些神来之笔，再也无法回复当初的激动，他被人们称为“亲爱的葡萄”，在这个称呼之下，存留的多是惋惜之意……

我们无法否定一个人的江郎才尽，尤其是对于这样曾经有过太强旺盛创作力的人。20多年前，当他还没叫技安的时候，他伙同一个叫王家卫的小编剧在小房间里捣鼓出那个叫做《猛鬼差馆》的剧本，上映之前，他们满心祈祷，希望这样一个无厘头的电影不至于把他们的饭碗砸了以至于流浪街头；20多年后，他被左拥右簇地坐在导演椅上，接受四方朝拜，不再计较有多少得失……或许，正是这原因导致了他创作力低下。

但我们无法抹杀他的曾经，他在香港电影史上注定以一个鬼才的头衔占据一定的地位，在香港电影固守辉煌的年代，他一次次的实验使得我们得以见到王晶之外的异类，另一番的风光。而对于那些质疑且表示不再期待的人，我只想说，也许刘镇伟还保留着他的创造力，不同的是，这次全部在于上映前的花絮中，从《月光宝盒》到《东成西就2011》，我们在上映前的无数花絮中看到了那个怀旧并搞笑着的刘镇伟，也许，这是少有的花絮大于正片的范例。

第二辑

宝岛力量

李 行

台湾著名电影导演，本名为李子达，李行是其艺名。导演过《王哥柳哥游台湾》等台语片，《婉君表妹》和《哑女情深》等改编自琼瑶小说的电影及《汪洋中的一条船》《小城故事》《早安台北》等新写实电影。不但多产，其电影风格也深入台湾电影界。

★台湾电影教父

李行：倾听李行的讲述是件幸运的事

在侯孝贤将“台湾电影已死”称作是“一个时代的悲哀”时，我们其实有无数理由探访李行，因为他身上承载着太多关于台湾电影的“第一”和“之最”，或许是向这些30年前的经典的致敬，或许仅仅是为了缅怀曾经的吉光片羽，或许是要为可能永远无法复制的历史作注脚。年轻的我，甚至没有资格与这样一位大师对话，但只是以一个记录者的身份倾听他的讲述，已是一件足够幸运的事情了。

李行，见证了台湾电影半个世纪的风风雨雨，20世纪70年代他成为台湾乡土电影的“旗手”，其健康写实风潮一度成为台湾电影的“主流”，同时《婉君表妹》、《彩云飞》更两度掀起琼瑶电影热潮，即便是“转型”拍武侠电影，亦能票房大卖。在李行的导演生涯中，电影作品超过50部，涵盖了2部纪录片、13部台语片、37部国语电影，从20世纪50年代末到80年代中后期，其电影成为了台湾当代电影发展史最重要的一部分内容。他是台湾电影界的“教父”，没有李行，就没有如今的台湾电影。

台湾乡土电影的旗手
“健康写实其来有自”

南都娱乐：你多次在采访中提到费穆导演和他的《小城之春》，你还记得第一次看到这部电影时的感觉吗？

李行：《小城之春》对我的影响确实很大很大，第一次看的时候我年纪还很小，看电影就是看电影，没有什么印象。之前费穆电影回顾展在内地举办的时候，开幕前又放了一次《小城之春》，我起初都不敢去看，因为相差了五十几年，还会那么好吗？还会那么经典吗？但是我看了还是觉得很震撼，由衷敬佩费穆先生的创作手法，现在看还是这么完美。我们敬佩他，在那个时代就能拍出这么经典的电影。

南都娱乐：那他是对你电影语言影响最大的导演吗？

李行：费穆导演确实是对我影响很大的导演，但不是光指他一个人和这一部电影。我从小就受了20世纪三四十年代很多中国电影的影响。我到了台湾以后，在学校剧场演出，参加社会职业剧团演出，既做导演也做演员。那个时候，我看过的那些电影，就像牛胃反刍一样，慢慢反馈出来了。中国20世纪三四十年代的电影对我的影响很大，日本电影评论家佐藤忠南，他是研究台湾新电影的，在台湾电影资料馆看到我的《街头巷尾》，他恍然大悟，原来写实电影早已跨越了海峡，一脉相承的写实风格到了台湾了。

南都娱乐：那你的健康写实风格也就是从中国20世纪三四十年代的老电影中传承下来的？

李行：是的，其实刚才说的健康写实，其来有自，来自20世纪30年代我看的好的电影。《街头巷尾》是影响了健康写实的，当年中影公司的老板龚弘先生接了中影总经理的职位后十分矛盾，是学习邵氏古装黄梅调电影，还是学习电懋公司提倡的都会爱情时装喜剧电影？何去何从，他很矛盾。龚弘看了《街头巷尾》之后恍然大悟，说："我应该拍自己的品牌。"这才有了后来的健康写实风潮。

南都娱乐：那么没有国外公司或者私人企业投资台湾电影吗？

李行：刚起步的年轻导演很难，像我和谢晋两个老导演也都很难找到投资，你们老了嘛，手法观念都老了嘛，难缠，又摆谱，我干脆不要伺候你，所以老导演也没有钱，年轻导演也没有钱。像鸿海的老板郭台铭，去山西回馈家乡，盖了个影城，支持女导演姚树华，投资拍了一部《白银帝国》，写山西晋商的故事。我们都听说投资了1000万美金，结果姚树华导演跟我讲："哎呀，1.5亿台币是有了，1000万美金没有了。"那也是，我拍了50年电影，哪见过1000万美金的大资本呢？

南都娱乐：你一直说拍电影要对观众和市场的口味，但当时中影买了许多本琼瑶小说的改编权，似乎你也是迫于无奈才向市场妥协的？

李行：其实我也拍了一阵自己理想的电影，后来也为了投资人的选择拍他们要的电影。拍完《秋决》之后我就开始第二次拍琼瑶电影，《彩云飞》让第二波琼瑶风起来了。严格地讲，我内心也是想满足自己，不是想满足观众，所以我现在对年轻人讲，拍电影要多为市场设想，多为观众设想，多为投资人设想，不要只拍自己看得懂的电影，不然他们就会反问，那你当年不是也为了满足你自己，拍了很多你自己很满意的戏，但是不卖钱嘛？当年的《路》我想刻画父子两代的关系，连女主角都不要，结果投资人说太冒险了，我才加了一个女主角的角色。

琼瑶风潮二度叱咤
“我也曾是票房毒药”

南都娱乐：为何不管你拍摄什么类型的电影，不论是健康写实，还是琼瑶电影，抑或是最初的闽南喜剧片，都能在当时引起效仿的风潮，主导市场呢？

李行：用现在企业经营的观念来说，要是我要拍这个题材的话，就先要去做市场调查，看市场对我这个东西接不接受。那时我还没有企业经营的理念。我拍武侠片《秋决》，是自己多年想要做的，我想如果失败了就收山，如果做好了，就再进入人生第二个创作阶段。当年我的好友、编剧白景瑞把他赚的钱都砸在我这个心愿上，我压力很大，如果赔钱就等于把大家的钱都赔了。后来成功了，因为我们很用心地去经营促销，我亲自去香港宣传，在台湾发行的策略也是对的，选择两家戏院集中上映，最后获得了极好的票房。

南都娱乐：为什么突然就从票房黄金变成票房毒药了？

李行：拍完《秋决》，我觉得我什么都可以拍了。于是就把台湾南部的垦丁牧场做成美国西部片的样子，让唐宝云和欧威力穿着牛仔裤、戴着牛仔帽，一个牧牛一个牧羊，这个戏叫《风从哪里来》，结果让台湾的投资人赔得鼻青脸肿，因为是很荒唐的故事，大家都不信台湾有这种地方。结果电影里的主题歌《风从哪里来》倒是火了，那个歌曲很流行，你听过吗？“风儿多可爱，阵阵吹过来”(哼唱)。

南都娱乐：那这次败北后，又去拍琼瑶片了？然后也成票房毒药了？

李行：后来我们就想到拍女学生的故事，因为大众观众还是以女学生居多。张永祥每天到几个女中门口和女学生聊天，把别人都吓跑了，写出来的东西还不满意。后来有人说，写女学生故事最好的是琼瑶的自传式小说《窗外》。之前被一家公司改编拍摄后，由于演女主角妈妈的演员演得比较夸张，严重影响了琼瑶母女的感情，后来母女心结好不容易化解了，我去向琼瑶买版权，那时琼瑶电影已经没人拍了，琼瑶从票房保证变成了票房毒药。她说你要拍就拍《彩云飞》吧，两个双生姐妹的故事，结果投资的老板还是赔得鼻青脸肿的《风从哪里来》的老板，影片让老板把上一部赔的钱都赚回来了。接下来我又接着拍了六七部琼瑶电影。我也没做过市场调查，如果《风从哪里来》成功了，大家都跟着去拍西部牛仔了，可见我也是误打误撞，不是我懂得市场，其实我一点都不懂市场。

南都娱乐：你的琼瑶片也捧红了一批偶像明星，像“二秦二林”。

李行：拍《心有千千结》时，还没有双秦双林，因为邓光荣去了美国，我第一个先找秦汉，他当时已经答应了香港一个导演去香港拍戏，我说你这个香港投资老板有问题，你先拍我的，拍完再去都来得及。秦汉是个很固执的人，很重承诺，果不其然，这才有秦祥林的机会，让他替补，他就红起来了。果然我拍完了，秦汉那部港片还没拍，如果那时他冒个险，跟对方打个招呼先来拍我这部，就没有秦祥林了，也没有双秦双林了，所以这里面都有机遇。

台湾电影已死

“《色·戒》是限制级当然票房大卖”

南都娱乐：为什么你的一些在当时其实是很“主旋律”的电影，会如此叫好又叫座呢？

李行：那时候很多军民从内地来到台湾，离乡背井，都很思念家乡和亲人，内心非常苦闷，他们觉得回家的希望很渺茫，所以电影反映现实的东西要健康，不希望把社会的黑暗面反映给大家，所以就有选择性地写实、装饰性地写实。这才带领了台湾20世纪60年代电影的发展，慢慢几十年台湾电影才成长、稳定下来，能够发展到现在。不过台湾电影现在等于几乎没有了。

南都娱乐：*你认为是辅导金的政策毁了台湾电影吗？年轻导演都为了参加影展拍艺术片？*

李行：也不见得是毁了，现在像香港特区政府对电影是没有辅导的，香港电影就是自生自灭。台湾也有人讽刺辅导金政策，“越辅越倒”。现在台湾导演没有辅导金几乎就没有新片开拍，在这种情况下，很难说是对或错。现在年轻的台湾电影人和电影工作者本身的观念有问题，台湾一些影评家也有一种错误的导向，他们肯定一些新电影的新导演，推崇个人风格而忘了市场，忘了观众，那种作风引导了现在学电影的年轻人，他们会想：“哦，我拍电影是为了参展、拿奖。”没有考虑投资人的回收，没有考虑到市场，你又不是有钱人，你回收不了投资，下回就没有人给你投资了。你想25年前我拍《原乡人》，那个时候成本就要3000万台币，现在辅导金才500万台币，相隔了二十几年，人力也涨了，物价也涨了，材料也涨了，怎么可能用500万台币把电影拍好？

南都娱乐：*现在台湾最著名的导演侯孝贤和李安，都在电影中继承了你的乡土写实风格以及家庭伦理观念的维护，你如何评价这两位导演？*

李行：侯孝贤是跟着我成长的，《心有千千结》那部戏他是场记，他跟着我耳濡目染会受到一些影响。李安我跟他不熟，他开始去美国很苦，太太养他，让他在家写剧本。后来虽然他的剧本得了奖，但“中影”给他很少的钱拍电影，拿到的钱几乎全部花在了制作和演员身上，导演一分钱都拿不到，但是他都能忍，先争取工作的机会。

六年前我到美国办个展，那时李安也在纽约，晚上还要飞到台湾宣传《卧虎藏龙》，我事先不知道。他知道我在纽约后，就悄悄送来花篮，然后坐在下面看完一场戏后，突然出现在台上把花篮送给我，再去搭飞机。他说：“我是看李行导演的电影长大的，《卧虎藏龙》是受到胡金铨电影的启发。”他电影中这种中国伦理的东西都是因为从小看我的电影，他和侯孝贤都是很尊崇台湾伦理传统的导演。

南都娱乐：你看过《色·戒》吗?

李行：上映时有一个礼拜六我和太太想去看《色·戒》，但是没有买到票。看看它不花钱新闻也造得很大，免费的宣传，加上限制级的，票房肯定好咯。不过李安是一个非常有原则的导演，他讲过不会拍重复题材的戏。他一直都在尝试，也始终尊崇中国的传统文化。他能站在国外，为中国电影拼出一条路也是非常好的事情。

【记者手记】

在某届金鸡百花电影节上，组委会还专门为李行准备了一个回顾展的个人研讨会，谢晋导演又不顾舟车劳顿前来捧场，全场影评家、电影专家逐个发表对李行作品的研究成果。这些褒奖和赞誉，大概老导演的耳朵都听出老茧了吧。但是他最后的“回馈”，实在到几乎与电影无关。

“我只是埋头做好自己的事情，电影是最不能去解释的东西，我们只能请求观众的原谅，100%地投入去做、全心全意去做都唯恐做不好。”“我除了工作认真以外，没有任何优点。我很笨，孔夫子云：一能之，己百之；人十能之，己千之。别人做一次的，我做百次。”“我已经78岁了，我不要等死，我还要为中国电影付出努力。”

寥寥几句，勾画出一个为电影殚精竭虑的老电影人的背影。

一切已成过往。一切都值得纪念。

（采写／邱致理）

印象：那时，他总在领导潮流

文 / 宋子文

李行本名李子达，1958年与张方霞、田丰联合执导台语片《王哥柳哥游台湾》，那是他第一次执导演筒，此片带动了闽南语片的喜剧风潮，但在当局全面打压闽南语电影市场后，他就投入到国语电影的创作中去。1962年的国语片《街头巷尾》，结束了李行的闽南语电影黄金时代，但他又将闽南语电影的乡土特色带到国语电影中，就此拉开了台湾电影乡土化探索的新帷幕，迎来他导演生涯的第一个高峰。同时，李行被聘为台湾“中央”电影公司的导演，开启了“中影”公司长达15年的健康写实风潮。

1963年、1964年李行的《蚵女》、《养鸭人家》都是台湾乡土电影在诞生期间最为重要的代表作，其淳朴的乡土风情、健康写实的地方特色，让影片甫一推出就受到了全行业的瞩目与推崇。1964年，由于“中影”连续购买了琼瑶言情小说中的《六个梦》系列故事的版权，他就继同业们所开启的琼瑶爱情小说改编开拍了《婉君表妹》、《哑女情深》，带动了20世纪60年代的第一波爱情文艺电影的风潮，王戎、柯俊雄也因此崛起影坛。

20世纪60年代末，琼瑶电影在一派粗制滥造的跟风潮流中刹车，香港式的武侠风潮在台湾持续升温。李行用冷静与胆识拍了《秋决》，为台湾电影树立了一座扎实的史诗性丰碑，在电影美学上成就了自身的一家之言，与胡金铨齐头并进。《秋决》追溯中国电影旧有的古典写实风格，以古代的道德视角去阐述中国传统文化与伦理观、生命观，引起文艺界的广泛讨论，发人深省的伦理主题使本片成为其最具代表性的作品之一。

1973年，李行转而溯回到从前的文艺片老路，拍摄了琼瑶小说改编的《彩云飞》《心有千千结》《海鸥深处》等文艺片，又将第二波的琼瑶小说改编电影风潮带回了台湾。这些影片以良好的口碑在舆论界站住了脚跟，并掀起了新一轮的文艺片狂潮。

在积累了商业砝码之后，李行重新回归台湾乡土写实路线。1978年，随着台湾乡土文学论战的升级，李行适时推出小说改编的电影《汪洋中的一条船》，将一个感人肺腑的青年事迹转化为逼真的影像，在台湾掀起新电影高潮。影片在台湾连映两个月，打破了从前的卖座纪录，更获得1978年金马奖最佳影片奖等殊荣。此后他相继打造了《小城故事》、《早安台北》等优秀影片，连续获得1979年、1980年的金马奖最佳影片奖，创下了台湾电影史上至今无人能破的纪录，李行自此也达到了其导演生涯的巅峰。

不论是健康写实、琼瑶爱情还是台湾史诗，李行的电影都能领导潮流，因此他在台湾电影史上有着特殊的文化与艺术价值。作为台湾电影旗帜性的人物，他的电影风格自成一家，有着独特的戏剧与美学造诣，为更多人所效仿、推崇。侯孝贤与陈坤厚等台湾新电影的主将，都是出自他的门下，他不仅无愧于台湾电影一代宗师之名，而且也担得起华语电影大师之誉。

赖声川

1954年生于美国华盛顿，籍贯江西会昌，美国加利福尼亚大学伯克利分校戏剧博士。台湾地区著名舞台剧导演，现任台北艺术大学教授、美国斯坦福大学客座教授及驻校艺术家。1984年创立剧团表演工作坊，被誉为“亚洲剧场之翘楚”。

★亚洲剧场翘楚

赖声川：北京、纽约、加德满都，人生都让你似曾相识

我们一直朝前看，把自己看到烦乱看到迷失。我们何曾停下脚步，回忆那个单色的从前。在歌声和影像都飘扬的年代，一群人的影子和一个执著的你，曾是青春全部的江湖。有历史的人、有故事的人、有心情的人，请和我们一路寻回，不为别的，只为那传说中美丽的草原。

2010年的秋季，我在北京人艺剧场看的是内地版《暗恋桃花源》，2011年的秋季，我在北展剧院看的是《这一夜，Women说相声》。只有在看赖声川的戏剧时，我才可以很恣意地做梦，很多不一样的情怀，也有些许矫情的伤感，就像在做一个拼贴出来的梦，散场后，梦虽醒，但依然回味不已。于是，一直都希望有一个机会能够去采访赖导演，想知道他眼中的人生是什么样的。在做戏剧前，赖声川玩过五年的民谣，创作时最喜欢听巴赫的作品，音乐让他的戏剧结构很丰富，他也能够把拼贴艺术处理到一种境界。谈起拼贴，赖导演对我说："你看，我们做访问是在北京这样一个巷子里的过客吧里，听到的音乐却是中东的曲子。我曾经在加德满都，在纽约，都有过类似的感觉，人生就是这样，总是让你似曾相识。"

原来，人生就是这样，每一次的陌生相遇背后，都是熟悉。

1983年，29岁的赖声川已经在美国加利福尼亚大学伯克利分校学了4年的戏剧，对留在国外兴趣索然，这个时候，台湾地区元老级的戏剧人姚一苇找到他，诚恳地邀请他回台任教。赖声川回到台湾却发现这个地方已经像个文化沙漠了，舶来文化的冲击，各大秀场浮躁低俗的节目，做剧场无从谈起。当时他所在的“国立艺术学院”连个校园都没有，借人家的地方来上课。近邻是坟场，办公室每次见学生最好不要超过两个，“因为楼会塌”。就是在这样的地方，赖声川和李立群、李国修创作了《那一夜，我们说相声》。差不多同期，侯孝贤在拍《童年往事》，杨德昌在做《恐怖分子》。这几个年轻人不约而同地用各自钟爱的艺术形式开始了一场文化上的革新。赖声川在接受专访时说，他的某部戏里突然跳出另外一部戏的一个角色，这个角色说他一直在寻找属于自己的剧本。倘若放之众生，每个人又何尝不是演着最熟悉也最陌生的自己，演着演着，连剧本也遗忘在时光的角落里。

1985年《那一夜，我们说相声》首演

“赖声川拯救了台湾相声”

1983年，回到台湾的赖声川认为台湾没有剧场工业，这反而是一个机会，他显然是运用了在国外学习到的成熟的商业体制下的剧场意识。1984年，第一部作品《我们都是这样长大的》上演时，剧场里只有100多人，直到他采用中国传统的曲艺相声和舞台剧相结合的独创手法创作了《那一夜，我们说相声》，才引起巨大反响。当时的台湾人口只有2000万，但该剧的磁带就卖出了100万盒。因此有报纸称："赖声川拯救了台湾相声。"

南都娱乐：你是出生在美国的台湾人，童年并没有像侯孝贤那样成长在台湾本土，这个身份是否让你反而会以异乡客的身份来看台湾文化和台湾社会？

赖声川：是，我出生在美国，但是需要注意的是我父亲是个"外交官"，这样的家庭与其他商人家庭相比，反而不会有那种你说的异乡客的感觉。小时候我就受父亲的影响，对中国这个国家的概念很深刻。我的确是以一个外省人的身份重新回到了台湾，但是却结交了很多本省人士的朋友，我并没有觉得有什么太不同的地方，他们也都接纳了我。不过，你说得对，我成长的经历让我有时候反而能够抽离出来，从较远的地方去看台湾社会。其实，对于我出生的美国也是这样，我也能够用很中国很东方的角度看他们，我也能像很多美国人那样生活。东西方文化的转化在我身上没有问题。

南都娱乐：看过你《那一夜，我们说相声》的观众，特别是大陆观众，会很惊讶，想不到在台湾，居然能够看到很纯正很传统的相声艺术。

赖声川：其实台湾社会很复杂，我说的复杂是正面的意思。在台湾，有很多很传统的文化被保留下来了。就拿吃来形象地说吧，有些很纯正的传统食品即便在北京也吃不到，比如山东饺子，那样的馅儿，我只有在台湾才吃得到。比如台湾有家上海的老字号叫"鼎泰丰"，我从18岁吃到现在。现在我只要走进去，那里的服务员就会很有礼貌地说，赖教授来了，你请上二楼。你想象一下，是不是感觉有点旧上海的做派。

南都娱乐：有趣的是，你在做"相声剧"的时候，侯孝贤、杨德昌也纷纷开始了他们的电影作品，新文化运动就这样开始了，应该不是事先商量好的吧？

赖声川：当然不是，我们是不谋而合。我们是各自完成了作品后，才成为好朋友的。其实，不仅仅是我们，罗大佑也跟我们站在一起，他的音乐创作，其精神本质跟我们是一样的，都是一股力量汇聚在一起。

1986年《暗恋桃花源》首演

“我是台湾外省人第二代，父辈归根大陆的梦想逐渐幻灭”

排练悲剧《暗恋》和排练喜剧《桃花源》的两个不同剧团，阴差阳错地必须轮流使用一个舞台。最后，两团甚至像合唱团二重唱似的共用舞台演出。这种刻意为之的错落结构激发了观众各种内心的情绪，恋爱失意者惦念着“永远开着的山茶花”，而不少人也认为该剧是一出政治寓言，寄托着台湾外省人第一代、第二代乃至第三代人人希望归根大陆的“暗恋”。

南都娱乐：我和很多大陆观众一样，可能最先看到的或者印象最深刻的是你的《暗恋桃花源》，当然我们看的都是盗版光碟，当时我也看不太懂，也就看懂了爱情的层面，反而是后来重看，觉得这是一个很沉重的话题，是台湾与大陆关系的议题。

赖声川：这是你的解读。我其实并不是一个对政治敏感的人，或许在我的剧里有过一些临时性的政治方面的讽喻，但是那都不是主体，主体还是讲人性，讲人生。政治当然很重要，但是它永远是利己的，你看古希腊的悲剧，那些人性的故事，就会明白，如果人类能够把自己内心的东西解决了，那就不需要政府通过政治来做什么了，呵呵，你是不是觉得我说得太理想化?

南都娱乐：**大家都知道，你是台湾外省人的第二代，你们这一代人有什么共同的特征?**

赖声川：我们的父辈是台湾外省人的第一代，都是从大陆直接来到台湾，但是他们的内心却一直牵挂着大陆，他们总会告诉自己，快了，快了，明年就可以回到大陆了，但是这个梦却因为各种复杂的原因而逐渐幻灭，这种感觉很痛苦。我们就是（在这种情绪影响下）这样长大的。

南都娱乐：**还是说回《暗恋桃花源》吧，看过的人都觉得你比喻云之凡像山茶花特别妥帖，再也没有比这个更浪漫的比喻了。**

赖声川：是吗?哈哈。其实我们开始是当作一种笑话，一种戏谑，希望用一个很夸张的比喻来形容。好像今天看来，就不像是个笑话，而是很恰当的比喻。这个角色本来是为我太太丁乃竺写的，里面有一些她个人的经历。后来我们又邀请了林青霞，也是因为青霞能够代表一个时代。

《如梦之梦》首演

“现在的年轻人会觉得我们太肉麻了”

进入千禧年后的赖声川，从《如梦之梦》开始逐渐淡化了戏剧中相对明显的政治色彩，转而更注重对人内心的发掘，对台湾人以及台湾社会更大众层面的思考。此时的台湾，信息爆炸、娱乐至上，甚然连政治人物也更像娱乐明星。台湾有线电视快速扩张，几乎成为世界上有线电视最密集的地方。

南都娱乐：作为严肃的戏剧创作者，你会排斥大众化的电视文化吗，虽然我知道你也创作过电视剧集，叫《我们一家都是人》？

赖声川：我做的电视剧集是很另类的，跟其他的不一样。我虽然不反对电视文化，但是我觉得现在的电视有一个很大的问题，就是永远在猜观众需要什么，然后就去生产。不仅仅是电视，传媒、时尚界也是这样。在美国好莱坞，这个已经成为固定模式，如果熟悉了就会觉得很可笑，经常是几家制作单位同时想，好几年没有出现战争片了，那么我们就做这个吧，根本没有创意的部分。

南都娱乐：这就是我们生活的时代，你作为前辈，对现在的年轻人失望过吗？

赖声川：我不怪他们，这不是他们的问题，是时代的问题。现在的年轻人一生下来就生活在很物化的时代，他们关心买什么好车，住什么豪宅，穿什么样的衣服，拥有什么样的女人，连爱情都物化，整个人生都被物化。在我这边看，当然觉得不好，但是我不怪他们。

南都娱乐：那在你年轻的时候，更关注什么呢？

赖声川：现在说来，大家肯定觉得很肉麻，我们会关注人的情感，很多人类的东西。比如有一首英文歌，翻译过来就是《他不重，他是我的兄弟》，大意就是我背着我的兄弟往前走。如果今天的年轻人听了，肯定觉得很肉麻，简直要洒狗血啊。这都是什么啊？但是那个时候的我们就是这样的，这首歌说的也是人类共同的情感。

南都娱乐：我觉得你一直都保持着很纯净的心境，可能就像在你年轻时在美国读书打工过的餐厅，你做前厅经理，虽然环境很乱，但是你却有兴趣去关注各色人物，餐厅在你看来就成了剧场，怎么做到的？

赖声川：我会把自己放在别人的角色里去看问题。还是拿餐厅作比喻，一个北京的服务生态度不好，我就会想他来自哪个省，老板是不是很苛刻，他的钱是不是很少……这样想起来，人生里很多东西就能宽容待之了。

【记者手记】

以前只能在盗版光碟里看到赖声川的名字，而今在大陆要见到他也变得很容易，他积极地将自己经典的剧目重新排练，使用了年轻人更熟悉的演员，比如袁泉、黄磊、谢娜、何炅、阿雅……使得观看他的戏成为大陆大城市里某种新兴的时尚。他在大陆出版了有关他创意学方面的书籍，读起来也觉得挺时尚的，里面说“创意随处可见”。他还积极培养新人，《色·戒》女主角汤唯也是他力荐给李安的。赖导演确实具有大陆人常说的“与时俱进”精神，只有见到他本人，跟他聊起来，才知道前尘旧梦不曾离他而去，他还是像旧时代里那很雅致的文人。

（采写／林冲）

印象：属于VCD时代的隐秘娱乐

文／麦田

很多年前，资讯是“准”发达的日子，赖声川的名字对于多数人来说是陌生的。那时候，我在南京音乐台工作，认识个新同事叫姜昆，他是“后窗看电影”版副，又名戈达尔，他总是饭前饭后如数家珍地聊到他知道的电影，一直会聊到口水四溅，大珠小珠落玉盘，赖声川就是在那段时间我才知道的。

很多年前，当我终于用年终奖买了一台先锋影碟机的时候，就开始养成一个习惯，电子城的老板到货了会定期给我们打电话通知。在一堆感觉还不错的VCD里面必有一些文艺片，既轻松又不落俗套。那时看完《十诫》这样的电影，总会拿《那一夜，我们说相声》系列放松一下。当然，说到印象最好的还是《暗恋桃花源》，剧情里面两个不搭界的故事在时间、空间、悲与喜里面换来换去，巧妙中一种无法言喻的情绪多少会触动你，让我觉得比起老派的话剧有意思。老派的话剧总是端着个架子。某次去北京出差，我和爱好者在北太平庄和北大门口连买带偷地买了一批“表演工作坊”的片子，都是用牛皮纸袋装着的刻录VCD，紧接着，《变奏巴哈》（1985、1986）、《田园生活》（1986）、《圆环物语》（1987）、《西游记》（1987）、《回头是彼岸》（1989）、《这一夜谁来说相声》（1989）、《台湾怪谭》（1991）、《红色的天空》（1994）、《我和我和他和他》（1998）……

赖声川的“表演工作坊”在我的脑海里面成了个熟悉的品牌，现在我还可以报出一串演员的名字：李立群、金士杰、丁乃筝、萧艾、赵自强……在与几个志趣相投的朋友聊天的时候，总会提到这个演员、那段剧情，串到《相声瓦舍》的段子里面，DJ、文艺青年、媒体编辑。于是在少数人中间出现了某种调调，有些台词成了口头禅和语录，我们在西祠的秘密版里面运用自如，很是得意。我们看到了别人没有注意的台词，剧情中由此及彼的政治社会含义，很是得意。之后又看了“表演工作坊”的一些片子，是不是赖声川编导的都无所谓，因为每一个烙上“表演工作坊”字样的剧都会沾上“赖氏”气味。

再后来，韩东、库切等作家开始真正地进入自己的视野，拍电影的还有小津安二郎，话痨吴宇清也开始写作，我的书包里、床头边上总是放着小安或者别的什么诗集……某一天娱乐新闻里面提到新版的《暗恋桃花源》在各地巡演，那是被时间和全国的少数派堆起来的“经典”，却发现有再想看的冲动时，那些用牛皮纸包装的VCD，搬家的时候已经不知去向了。

张艾嘉

台湾艺人，不但是优秀的歌星、演员，而且还是女性导演、编剧、制片。曾荣获两届台湾金马奖影后、两届香港电影金像奖影后、一届金马奖最佳女配角奖。被罗大佑称为“小妹”，被李宗盛、梁咏琪称为“张姐”。从影30多年来主演过近百部电影。

★一代文艺理想女青年范儿

张艾嘉：女导演要出头不那么容易

在林青霞、林凤娇双林对峙的时代，张艾嘉凭着她的独立和全能闯进了电影圈，开辟了一条与漂亮偶像截然不同的道路。从20世纪70年代到如今，她始终活跃在电影圈，见证了香港与台湾地区电影新浪潮时期的热浪青春。在她开创的空间里，女性演员、女性导演、女性电影都获得了多一份话语权。她是那个年代的文艺青年迷恋的精神偶像，罗大佑、李宗盛、黄霑、杨德昌、侯孝贤、许鞍华这些重量级名人的故事里都有着她的位置，但张艾嘉却认为，这一路走来，她没有被宠溺，也没有被歧视，从她开始，人们意识到，女演员是可以呈现不同风貌的。

文艺女演员

“那时偶像是林青霞、林凤娇，哪里轮得到我？”

1953年在台湾出生，中学时便被家教严格的母亲送往美国念书，自学生时起张艾嘉便在台湾空军广播电台演唱，之后由电台转到电视台，在中视的《每日一星》中亮相，逐渐开展演艺生涯。1972年张艾嘉赴港发展，开始她的电影之路。这段多元化的经历，在张艾嘉看来，的确跟当时的娱乐圈有些格格不入。

南都娱乐：当初回来台湾，你的背景就属于特殊的那一派吗？

张艾嘉：我相信是。早期我回到台湾，我的衣着打扮就跟当时的人不一样，个性也是很独立，因为我很早就在美国念书，所以养成了自己挣钱的生活习惯，我不跟家里拿零用钱，每个暑假我都自己出来找工作。对当时的其他人来讲，就会觉得很奇怪，但我就是如此，13岁就帮着带孩子啊，帮人出去遛狗，什么可以赚钱就去做什么，我体验到自己对自己负责任是什么样的感觉。

南都娱乐：所以20岁进演艺圈不是走偶像路线？

张艾嘉：那时候很奇怪，早期的演艺界比较泾渭分明，唱歌就是唱歌，演戏就是演戏，我还算是比较多元，我又演戏，又唱歌，又做电视，这对很多人来说不可思议。但我并不是当时的偶像，那时偶像是林青霞、林凤娇，哪里轮得到我？我不过是个什么都敢尝试的艺术工作者。

南都娱乐：那时候有人说你是文艺女青年吗？

张艾嘉：我们没有这个词，也不会这么说。其实你们喜欢说从我开始，到吴倩莲，到刘若英等等，都是一脉相承的文艺女生，我自己倒没这么看，我觉得大家都有不同的个性。像我去参加刘若英的演唱会，我就觉得她对大陆观众来说其实是偶像，这跟我的际遇是完全不同的，我从来就没有被当作偶像看待，我没有遇过被人追着跑的事。从出道到现在，我都可以很随意地逛街、吃路边摊，我爱干什么就干什么，从来没有过要躲躲藏藏。

南都娱乐：当时没有公司规定你要怎么做吗？

张艾嘉：那时候我们没有所谓的经理人公司，不会有人来约束我们该怎么做。当然，可能也是跟我的个性有关，所以你看像我签了刘若英后，我反而是很鼓励她经常到处走走，所以她也很习惯于自己一个人开着车出去，尽量在平时过回最舒服最简单的生活。

文艺女青年
“我们聚到一起就很热血，就像你们所说的理想文艺青年”

正是张艾嘉与众不同的教育背景，使得她在电影圈很放松、自然地就开始尝试多元化的发展，她向李翰祥、胡金铨学艺，又向一起拍戏的孙越学习摄影，很快地，她便跨入幕后制作的行列。1980年，她制作了自己电影公司的首部作品，也是香港新浪潮导演许鞍华的处女作《疯劫》，那时，她不过27岁。

南都娱乐：宽松的环境和独立的个性也是影响你很快过渡到幕后的原因？

张艾嘉：确实是很自然的。我一出道就去电台做DJ，后来在拍戏的时候我就迷上了写东西，甚至在拍戏现场我也喜欢帮忙，帮副导演做这个做那个。这些亲身经历都让我明白，原来我对幕后的东西更感兴趣。当然，其中能遇到像李翰祥、胡金铨这样的老师也令我获益良多，在现场，他们从不会把我当成明星，就是把我看作一个演员而已，反而是我看待他们，觉得他们更像明星，因为很多人都会围着他们。

南都娱乐：许鞍华导演的第一部戏就是跟你合作，她那时是什么样的？

张艾嘉：她跟我的个性不太一样，她是属于性子比较急躁的，希望一下子表现出来，而我就觉得发脾气解决不了问题。不过那时候我不觉得她脾气很坏啊，可能是对我不会发脾气吧，她人其实蛮好的，大家都很年轻，都是希望把事情做好，她在现场会注意到各方面的细节，在这一点上我其实觉得女导演跟男导演没什么区别。

南都娱乐：后来回到台湾你又网罗了一批旅美回来的新导演，像杨德昌。

张艾嘉：那时候我正好在台湾要做一个戏剧节目《11个女人》，就是要讲11个故事，我是希望以电影的手法去做这个电视，所以我就找了11个导演，但最后其实我也并没有找到11个，因为很多导演过来做了两天就不敢做了，因为太辛苦。我诉求的对象，一是好的老导演，很久很久都没有作品了；二是我看到台湾一直在做副导演的那些人，他们已经有足够能力做到导演这个位置，只是环境还没有让他们上位，比如侯孝贤；三就是杨德昌那样从美国回来，学了一身功夫但还没有施展的机会。慢慢地，我们这群人就聚集成一股力量，因为有机会真正做点事情，大家就都有了动力，也就因此有了后来的台湾新浪潮电影导演的形成，我觉得那是大家的一个转折点。

南都娱乐：当时你们是什么状态？

张艾嘉：其实我当时才28岁，可能你会惊讶为什么我能认识那么多现在已经是大导演的人物，原因其实很简单，因为那些导演那时也都很年轻嘛，希望获得一个机会，大家并不是说要起来革命取代老导演们的位置，而是都觉得到了可以做点事情的时候，因为成熟导演有成熟导演的面貌，而新导演势必会带来一些新东西，这是一种必要的传承。我们的想法很简单，就是希望在每一个时代里都能留下一点代表性的东西作为历史的见证，我想当时的我们做到了。

南都娱乐：电视台允许你们作这些尝试？

张艾嘉：我想比现在的空间要大一些，但是也并不是说有特别优越的环境，可能跟我顶着所谓电影人的头衔回到电视圈有关，加上在此之前我做了一档电视节目叫做《幕前幕后》，非常受欢迎，电视台就很希望我能制作这档戏，可是最后我赔了很多钱。按照我那种做法，势必会超支，超支了又来不及再向电视台申请钱，所以只好自己先掏腰包，但到最后电视台就不认账了。

南都娱乐：这样的操作有点像TVB20世纪70年代末的改革？

张艾嘉：对，基本上是受到TVB那边的启发，我眼看着像徐克、许鞍华他们都得到电视台的支持，找到了一个磨炼的空间，如果台湾电影人没有这样的机会其实蛮可悲的。所以一旦有了这么一个机会，我们聚到一起真的就很热血，就像你们所说的理想文艺青年。

文艺女导演

“电影一直是男性挂帅，因为我来了，所以多了一个女导演”

与一大批电影人的革命友情，令张艾嘉在幕后发展得如鱼得水，但她也没有停下个人创作的脚步，从1976年凭借《碧云天》拿到金马奖最佳女配角奠定其优秀演员的地位开始，她的身份三级跳，1986年作品《最爱》的辉煌战绩令张艾嘉的编剧和导演身份备受肯定，其细腻的爱情题材也打开了张艾嘉专属风格的女性电影大门。

南都娱乐：可以说是拍了《最爱》之后就奠定了你在女性电影方面的地位吗？

张艾嘉：为什么从来没有人讲过男性电影？这还是很传统的一

个观念。我觉得不过是因为从女性的角度讲得比较多，我肯站出来展现感情细腻的一面，我敢说我爱你，可能这些东西在男性导演看来是不太愿意去碰的题材而已。电影一直是男性挂帅的，因为我进来了，所以就多了一个女导演。

南都娱乐：在电影世界里女生导演很受宠的吧，黄霑说你是众人教母?

张艾嘉：啊? 不是吧，我反而觉得女导演要在这个环境里出头不是那么容易。我从来没觉得自己有被他们宠着，我只能说我没有受到过任何歧视，彼此都站在喜欢电影的位置上欣赏，没有人特别对我有怎么样啊。唯一特别的，可能是当我拍摄的电影上映时，会发现有很多影剧圈的人都会来看，很多并不是我常联络的对象，像杜琪峰就是我很好的朋友，虽然我们拍的东西截然不同，但大家都会彼此鼓励。我觉得每个年代都会培养出那个时候的革命情感，但那是我们努力工作争来的。

南都娱乐：那时候不会对有才华的女生格外偏爱吗?

张艾嘉：应该说跟我们当时的环境认知有关系，当时大家对女演员的印象就是年轻漂亮，一定都是书没好好念，才会跑来这个圈子，然后演了几部戏之后，到了20多岁，就该跑去嫁人了，而你印象中的那个年代的女演员差不多走的都是这样的道路。所以很少人会相信女演员能坚持学习，坚持去做幕后的工作，甚至喜欢拍电影，大家的观念是“喜欢电影没问题，喜欢做电影明星可以理解，但是喜欢拍就很不可思议”。因为拍戏很辛苦。大概是从我这一代开始这个观念就有所转变了，可能也跟我真的走到幕后去有关系，而且还真的有成绩单交出来。大家对我们这个行业才会有所改观，觉得有所谓才华这样一件事，对女性电影工作者有了不同的感觉。

南都娱乐：所以很早就给你做了电影回顾展?

张艾嘉：我当时也觉得不可思议，因为那好像是人去世后才会做的一件事情，我那时候才30多岁，记得英国那边打电话给我的时候我还在睡觉，听到他们说要给我做回顾展，我当下反应就是那不是应该等我死了以后才做的吗？对方就赶紧说，不不不，只是要表示对你的尊敬……然后我就只能认了。

【记者手记】

以前，张艾嘉的电影几乎没有在大陆上映过，这次，她带着被评论称为突破性之作的新电影《我们这一家》（2008）“前来拜访”，但我仍然在其中体会到了很熟悉的张艾嘉的味道，那就是细腻、温柔却个性独立的女性气质，用张艾嘉的话来说：“这不是文艺女青年的特质，反而是更现代的女性都会具备的素质，其实就是一个‘勇’字嘛。”她走过的那条路，也许也能用这句话概括。

（采写／张燕）

印象：流水它带走光阴的故事，改变了一个人

文／朱白

在《锵锵三人行》上看到张艾嘉，她跟窦文涛讨论父女关系、亲情，此时的张艾嘉早已不是那个银幕里让人百看不厌的青春女星了——她现在是太太、母亲，一个越老越美的美人。

有两种美人最让人唏嘘。一种是玛丽莲·梦露那种红颜型，将容颜定格在最青春的那一刻，然后让自己的肉身从这个俗世庸尘中永久消失。另一种是隽永型女人，年轻时捕获无数男人的心，岁月一晃，几十年过去，她仍可以靠自身魅力吸引更多的男人去想她、爱她，比如面对此时此刻的张艾嘉，你完全可以感叹一句：越老越美啊！

张艾嘉年轻时不缺少粉丝，值得一说的是她的粉丝都大名鼎鼎，同为文艺圈的悍将，他们都对她顶礼膜拜。当年的李宗盛、罗大佑、黄霑、杨德昌、侯孝贤等文艺男人们在她身上花费的精力不比创作一部杰作少。当然，谁又能说爱女人跟创作作品毫无关系呢？这样的男人因为女人而创作文艺作品的例子很多，比如同为20世纪80年代，中国诗歌界也有一位这样的女人，整整一代男诗人纷纷向其献诗致敬，仅仅那些因女诗人而写出的诗行，就已经足够光芒万丈的了，更何况有人因女诗人的存在而发生了质变。

《光阴的故事》里张艾嘉穿着轻薄的内裤在刚刚搬进去的出租

房里，踩着凌乱的衣物家具，那是一个青春得会让人生出怜爱的女孩。25年后，当桂纶镁在《最遥远的距离》里同样住进刚刚租下来的房子时，忧愁和郁闷挂满脸颊，虽然年轻，但桂纶镁在那个时候就已然老去。两代青春文艺女青年，中间不知道还隔了多少人，至少通过银幕作品映射出来的个人气质，已经天壤之别。

个性要强、不畏惧困难、不服输，也是张艾嘉能走到今天的关键词。从个性独立花容月貌的女演员，到性情刚烈不听旁言的女导演，你可以从她的一系列经历中发现：张艾嘉坚持着那些该坚持的，宽容着那些该宽容的，袒露着那些该袒露的，证明着那些该证明的，同时也妥协过该妥协的，这就是张艾嘉展现给我们的。一代文艺女青年，没有老去，或者说她已将“老”变成一种美丽，从少女张艾嘉一直到她变成太太、妈妈。从《光阴的故事》中开始，她只是换上一身女性职业装，然后不留痕迹地转了几次身姿，仍然是把那份最美好最让人生出怜爱的光芒留给了观众。

已经55岁的张艾嘉，以导演身份出现在众人面前时，保留着那份隐隐的害羞，当被人追捧为大导演、大演员、大歌手、经纪人、制片人时，张艾嘉“哎哟”、“哎哟”了几声，抚了一下自己的头发，然后为自己追加了一个“小女人”的称谓。这时的张艾嘉，或者说一直以来的张艾嘉，不管多么要强、能干、出色、卓越，她都保留着“小女人”的那份气场。

第三辑
血色青春

贾樟柯

生于1970年，山西省汾阳人。1993年就读于北京电影学院文学系，从1995年开始电影编导工作，现居北京。主要导演作品有《小武》《站台》《任逍遥》《世界》《东》《三峡好人》《无用》《二十四城记》《海上传奇》，其中《三峡好人》获第63届威尼斯国际电影节最佳影片金狮奖。

★第六代领军导演

贾樟柯：我的标志就是绝对优质

他，早已名声在外，很早以前拍戏就不缺钱，他，被中国媒体奉为第六代导演的领军人物，他习惯性地被人们称为艺术家，他的影视作品依然被大众归为“没有票房的文艺片”。20年来，贾樟柯从地下到地上，在商业与艺术理想的夹缝中，在政治疼痛与人性缺失中，以充满个人特色的镜头语言，完成了对一代人精神生活的剖析和反思，以及对中国社会历史变迁的现实叙述。

地下电影

“有理想的导演很多，但未必有能力”

年轻的贾樟柯用影像见证了汾阳的喜怒哀乐。有评论者称，贾樟柯对于中国电影最大的价值就是他“发现”了县城，并在由《小武》《站台》《任逍遥》组成的“故乡三部曲”中形成了有鲜明风格的“县城美学”。然而这些特定而短暂的历史契机所造就的一个文化奇迹，只能在国外电影节上艰难而顽固地搏杀着……

南都娱乐：20世纪90年代，很多地下电影为什么如雨后春笋般涌现?

贾樟柯：因为过去中国在计划经济时代，电影只允许16个国营的电影制片厂来拍摄，那么只有这16个国营电影制片厂才能合法地生产电影，当然这些电影大部分是国家投资的，传达的都是政府的声音，主流社会的声音。那么到了20世纪90年代以后，人们开始有更多自由理想、民主理想，希望能够直接把真实的中国情况拍出来。年轻人就开始在这些所谓体制之外拍电影，是一个非常勇敢的、反叛的、独立的运动。那时候产生了大量的影片，这些影片得到的结果一方面是同步地把中国社会的情况真实地表述出来；另一方面它是被禁止公映的，政府部门对这些影片有控制。今天略微宽松的环境，跟这十几年里面地下电影不懈地推动有密切的关联。

南都娱乐：这种电影受众很少，你知道当时的地下电影都是什么人在看吗?

贾樟柯：受众群很窄，因为你不能在主流渠道放嘛，最早都是一些地下的文艺工作者。在各个城市的酒吧里、各个大学里面播放。后来就主要通过DVD传播。

南都娱乐：早期你的地下电影更多地体现了在中国社会的变革中小人物的情感，好像很感同身受。

贾樟柯：我自己是在那样一个环境中成长起来的，我非常认同、熟悉这样的人群，也关心这样的人。这些电影都是在讲我自己。我自己的电影、工作背景一直是谈中国的变革，从20世纪70年代的经济改革到现在，这个变革带来很大一个社会影响，大家在这个变革里面都要重新寻找自己。

南都娱乐：其实你的影迷最喜欢的可能还是早期的《小武》。其中那种不忿、痛苦和迷茫的情绪成了你前10年的电影的主题，也是一个符号，对过往的怀念会对你造成困扰吗?

贾樟柯：我拍我熟悉、我喜欢、我感兴趣的世界的时候，不会有什么困扰。比如说贾樟柯拍县城，拍出了特色，这是个好的评价，但是一个导演不能被这种荣誉所困住。当然《小武》之所以受欢迎，是因为它是我所有电影里面最通俗的一个。

南都娱乐：其实通俗的东西观众更容易接受一些。

贾樟柯：对，但是拍电影不能将就观众的最终要求，观众也要成长，观众也要学习，观众不是万能的，他不是一个标准，我们不可能为一个低标准去工作。当然低标准可以获得很多商业的回报，但是对一个有责任的行业工作者来说，不能一直在一个低标准里面。除了服务业之外，电影还应该能引领人们的精神，有敏锐的触觉能够发现这个社会人的状态、人的处境、人的困难。服务观众，是电影很重要的一个工作，但是它不代表电影的全部。

南都娱乐：有人说《小武》和侯孝贤早期的作品有相似之处，你自己认可这种说法吗？

贾樟柯：我觉得其实有一个很相似的地方，就是他拍早期电影的时候跟我拍早期电影的时候，虽然相隔了十几年，但是我们所面临的社会情况是一样的，都是社会转型，他20世纪80年代拍片是台湾地区的经济与社会转型，我拍片的90年代是大陆的社会经济转型。在转型的过程里，两岸年轻人的生活状态有很多相似的地方，甚至侯孝贤的电影会跟大岛渚有相似之处，因为60年代的日本也在转型。虽然隔了很多年，但是我们面对的是同样一个转型期。但他真正对我的影响是在于我的电影理想方面。因为一开始的时候我是一个商业电影迷，我学电影也是非常想拍商业电影，但是看了他的电影之后，我知道有更重要的事情要做。

南都娱乐：所以当初就算禁拍期还没有结束，也要冒着风险拍摄《站台》？

贾樟柯：我觉得这种方法是改变这种环境最好的方法，如果你屈服，禁止的程度就会更加严厉。就是说反叛可能会带来自由，反叛是一种推动改变的方法。

南都娱乐：但这需要集体的智慧和坚持。

贾樟柯：那当然了，当然了。所以为什么说需要丰富多彩的电影，一个导演、一个艺术家、一个作家或者一个什么律师，所有一个都是不管用的，得是一个合力。

南都娱乐：你觉得现在和你站在同一阵线的导演多不多？

贾樟柯：很多，有文化理想的导演很多。

南都娱乐：但他们未必都有机会，对吧？

贾樟柯：应该说未必有能力。我觉得很多导演的出发点，对社会的理解都很好，但可能对这个艺术来说还是需要提高他的能力，制作出真正有价值的电影作品。如果它作为一个作品不成立的话，这些理念无法传达出来。不管你拍什么电影，得拍优质的好电影。

转型阶段

“这些年来，我很享受大家的误解”

因为《世界》，源于和上影的合作，贾樟柯顺利回归主流。这十年来，那个带着淳朴气质的“小武”貌似已经渐行渐远。年龄是大了，眼界也宽了，主题鲜明了，表达更清晰了。然而《无用》、《二十四城记》以及新片《海上传奇》等一系列“合作形式”的纪录电影，却成了大众口中的“广告片”。但是贾樟柯却一再坚称自己的现实主义，专注于历史变迁中的细枝末节，在夹缝中行使自由的权利。在这个容易迷失和堕落的舞台上，用他特有的残酷与温暖拧成一个大大的问号，通过影像，走进观众的心灵深处。

南都娱乐：导演10年前拍的电影和后面拍的电影，风格的转变挺大的，这种转变是怎么发生的呢?

贾樟柯：跟年龄有关吧，因为你40多岁的时候拍电影的诉求跟20多岁不一样了。人的年龄的改变、身体的改变都会改变你的创作。20多岁不知疲倦跟40多岁体力下降拍的电影不一样。这个就是很实际的情况，是综合的。从一个电影里面能看出导演的精神面貌以及体力。

南都娱乐：眼界变得开阔了，表达的主题也越来越大，这样的东西会不会慢慢变成一个包袱，被架上去了就下不来?

贾樟柯：导演是自由的。没有人架你，最起码你要有自己的自由，你要有能力把控自己，话又说回来，谁能绑架我呢?没有人有能力绑架我。除非自己把自己架到那去了。

南都娱乐：近些年来，你和一些企业单位合作，拍了《无用》、《二十四城记》等电影，这样的合作会不会对你形成负担和束缚?

贾樟柯：没有束缚，因为我们的合作主要是一起做活动，做一些秀。电影内容上不会有合作。这是一个高端的电影跟一个高端的产品大家一起做一个活动，然后我们有很好的回报，这样的。

南都娱乐：客户不会在内容上提要求?

贾樟柯：不会，他没有这个资格对导演的创作提要求。比如《二十四城记》，我仅仅是用对方的工厂来拍戏而已。《二十四城记》和《无用》，我们都没有营销在里面。

南都娱乐：那你有听到这些年来指责你的声音吗?说贾樟柯现在改拍广告片了。

贾樟柯：我最清楚自己在做什么。比如大家说《二十四城记》是个广告，当然不是广告！如果是广告的话，要介绍这个房子怎么好啊，怎么便宜啊，怎么样能增值，电影里有吗？没有。它是这个时代的象征。它是一种勇气，拆跟盖，过去空间的毁灭跟新的楼盘房地产的变迁是现在中国土地上发生的最激烈的事情。为什么没有导演有勇气去拍它呢？仅仅是因为怕别人误解它是一个广告？房地产，城市的拆迁跟重新建设是中国现在发生的最主要的事，涉及所有人，发生在任何一个城市。而且它真的有这么一个工厂，真的有这么一个楼盘，真的有这么一个变迁，所以电影把它拍下来了。它是对时代很重要的记录。

南都娱乐：导演有企图心，是吗？

贾樟柯：我其实这几年也很享受这种误解。这几年我一直用这样的片子跟这个时代互动。这个互动过程里面它离现实那么近，所以产生很多的误解。若干年后，当大家都脱离了营销这些东西后，我觉得它是一个非常伟大的记载。离当下很近，就容易有误解。如果拍虚幻的，拍跟现实没关系的，人们会以为你没有什么企图心。其实这样的目的才明确——就是商业。是观众还不习惯我的作品，不习惯这样快地把现实摆在他们面前。

南都娱乐：《海上传奇》里面涉及的话题很多，在审查的时候没有任何问题吗？

贾樟柯：有过担心，这里面最担心的是国共的关系，1949年的离散，另外一个就是涉及“文革”，这不是太鼓励的方向。但是都顺利通过了，算是一个很大的进步吧。

南都娱乐：你是怎么在真实表达自己的同时，又避免踩到雷区的？

贾樟柯：我没有把握，就这么拍，按照艺术规律拍。拍了之后我觉得还是有一点真人真情比较重要，因为这些人物都有真实的经历。他们的故事，是任何一个人或者任何一个机构都不能够遮蔽的事实。再说一方面也有真情在里面，讲述的是感情，此情此景或许也能对审查员动之以情嘛，毕竟他也是人。

南都娱乐：你说这部戏你不重视票房，是不是知道自己拍的这个电影和普通观众的审美不太一致？

贾樟柯：也不是，我觉得它有它固定的观众群。这个观众群相对稳定，它并不是对观众有要求，而是对观众看电影的习惯有要求。要打破这种局面，首先人们并不是很习惯看纪录片，另外能够进入到市场里的纪录片也很少，但是纪录片实在是太好看了，它也是一种电影形式，所以就是希望能够吸引以前不怎么看纪录片的人来看。

南都娱乐：对，之前似乎很少有纪录片能上院线。

贾樟柯：没有这种欣赏习惯吧。因为之前我们国人能够看到的事实上不是纪录片，而是专题片。在“文革”刚结束的时候，有很多表现祖国新貌，被称为纪录片的影片经常在影院出现，所以观众就对纪录片有一种模式上的长期的认定，就觉得那样一种影片是纪录片。但实际上纪录片发展非常快，而且纪录片的形式也非常自由、非常多样。但能进入到我们国内市场的纪录片数量非常少，因为所有的电影基本上都是抢钱的电影。这是很不健全的、过渡性的。所以从这点来观察中国，的确还是一个发展中国家，因为它文化没有成熟。成熟的文化是各种电影都有它的空间，都可以有很大的空间发展。

商业策略和商业片

“我的标志就是优质，绝对优质，商业片也不例外”

曾经，贾樟柯这样形容自己：“一边是商业和权力，一边是追求，我则站在那根钢丝一般的缝隙里面。”现在别人这样评价他：“贾樟柯的电影不商业，但是品牌已经完全商业化了。”在中国，能一边津津有味地分析着赢利模式，一边信誓旦旦地说要拍优秀电影的导演的承诺，多半都只是一张空头支票。然而贾樟柯真的做到了，且利益驱使和崇高理想两者相得益彰。

南都娱乐：有种说法，说贾樟柯的片子不商业，但是他的品牌已经开始商业化了。

贾樟柯：说对了一半。事实上我每部电影的回报率都非常高，我们任何一部影片的赢利不比国内的那些大片少，的确这个品牌在发挥效应，因为除了有正常的传统电影渠道回收模式，就是票房、版权、后电影开发这一套，我们还有其他模式。同时我们的确跟一流的国际品牌结合得越来越多，包括整个在营销过程里面的结合也很多。这部分赢利挺多。

南都娱乐：赢利大部分是海外发行吗？

贾樟柯：也没有，海外发行是一个比较稳定的收入。但是另外一方面比较活跃的就是跟品牌结合，一起营销电影，然后做配合，做很多活动，植入这一块的收入。

南都娱乐：但这算一种方法和策略吧。

贾樟柯：它不是一种策略，它是一种能力。并不是所有的影片都能拥有国际市场，它是由影片品质决定的。那是因为我拍的这些影片都被认为是世界电影中的优秀电影，所以它能够发行。

南都娱乐：你和别的拍地下电影起家的导演不太一样，利润回收一直都是你所重视的。这种意识是何时开始确立的？

贾樟柯：这个重视一开始就有。以前每一部电影都要很辛苦地去设计好赢利模式，让它赢利，如果我们单从票房来说它是笼统的，没有导演不看重自己电影的回收，只不过每个影片每个阶段回收依赖的渠道不一样。有一种导演他只依赖票房，除了票房之外他实在没有其他可以开发的东西；有一种导演是依赖地区版权，比如说可以全世界卖片；还有一种导演是非常依赖商业开发。我一直在倡导一种电影理念，就是你在创作的时候，你是一个创作者，你要把你全部的主观意念体现出来。拍完之后它是一个产品，你要尽量地在工业和商业的轨道上走得更远。两个阶段做不同的工作。我自己是对两个阶段的工作都比较努力。

南都娱乐：真的可以完全分得很清楚吗？

贾樟柯：可以完全分得很清楚。电影的品质是任何一个电影回收的最基本的保证。如果你的电影没有拍出你自己所需要的内容、方法，你怎么去卖它呢？不是说你在里面想当然地说我结合什么商业，来点这个元素会吸引观众，来点那个元素，那是另一种类型。也有这样操作的电影，但那是另一种类型，它自身服务比较低端的客户了。

南都娱乐：以前导演的片子很少用明星，拍商业片肯定会用明星，有没可能像陈凯歌、张艺谋一样，渐渐地迷恋上明星制度？

贾樟柯：张艺谋、陈凯歌也不迷恋明星，他们首先还是看重那些演员的能力吧，其次才是演员能带来的商业效应。这个过程没有什么，我觉得只是不同的影片需要不同的演员，它不像喝酒抽烟是一个嗜好。

南都娱乐：这么多年来，你的个人风格都蛮明确的，那商业片还会有“贾樟柯”特色吗？

贾樟柯：我的标志就是优质，绝对优质，一种极强的原创力。

【记者手记】

众多记者都用过两个字形容贾樟柯——聪明。他很清楚采访者与被访者的角色分工，既了解别人的需要，也很清楚自己的目的。他口若悬河，说话像诗人一样美好，浪漫中带着点忧心忡忡。如果不是采访，而是午后下午茶时光的闲谈，侃侃人生，聊聊哲学，倒不失为一件乐事。

（采写／宋寻）

印象：这个时代的聪明人

文／朱白

记得华语歌坛怪咖左小祖咒说过一句话，大意是即便卖油条他也会成为左小祖咒。类似的意思无数伟大的人物都表达过，还记得一位犹太巨商说过，即便自己现在身无分文被抛弃在沙漠上，只要有商队经过，他还会像今天这样富有。这种既自信又励志的话，其实就一个意思：你是一块金子，放在哪里、放在何时都会发出闪闪的耀眼的光芒。

我们今天来看贾樟柯，会发现他不但是属于这个时代的聪明人，而且他也是那种人类中的金子，你看他的电影、听他接受的采访多了会越来越坚信一点：这是一个干哪一行都会成为所谓“领军人物”的人。他既是这个时代的变色龙，也是电影行业的玉娇龙。

变化是相对的，不变化是不可能的。当年从盗版VCD上看《小武》时，怎么也想不到它的导演今天可以说出那么多的“客户”、“营销”等词来。除了“诗意”这个贾导多年深爱的词，如今“客户”等词已经从他的口语表达一直贯穿到了他的作品中。

跟华语影坛同龄的导演比起来，贾樟柯并非是大家眼中的非主流，他甚至比那些所谓口口声声商业片的导演更入世，在众人还在探讨白酒、手机、银行等植入广告是否妥帖时，贾樟柯早就在一部作品里首先为客户立项了——从片名到创作动机无不如此。所谓的回报和植入，贾樟柯也并不是在《二十四城记》《东》《无用》这些电影中开始的，他的剧情长片处女作《小武》当初是日本殿堂级导演北野武看过他的短片《小山回家》后投资的拍摄，而北野武早年在日本浅草学习喜剧表演时就被唤作“小武”——这应该也是一种植入式回报吧。从情感上的致敬到商业上的回报，贾樟柯将这种天上地下的巨变演绎得不动声色。

你已经看到了，贾樟柯刻意回避或者说巧妙地解答关于近年影片不同于他早期创作的问题，他说这是“观众还不习惯我的作品，不习惯这样快地把现实摆在他们面前”，但这种变化让观众对其失望也是不争的事实。当然，没有人可以去质疑和反对一位艺术家的方向，更何况他又是这个时代最聪明的那一个。

从本质上说，贾樟柯当然有自己的创作自由，他愿意拍楼盘就拍楼盘，愿意拍画家就拍画家，作为观众，即便作为当年他的拥趸，也没有理由要求他改变自己适应时代的劲头。

换个角度再来看贾樟柯这位极其独特的华人导演，从世俗的角度来理解，你要承认他的确越来越成功了。你看他在海外电影节上的如鱼得水和备受瞩目（甚至结婚的消息也是在最美丽的威尼斯电影节上宣告天下的），以及他对资本的运作能力，还有他高瞻远瞩的眼力，都在告诉我们“任逍遥”确已成真，只不过不用再站在寒风凛冽的“站台”上，而是在风光无限的国际舞台上。

陈 果

1959年4月15日生于广东，10岁时跟随父母移居香港至今。香港独立电影的代表陈果由剧务开始做起，逐步由场记、第二副导演、助理制片一直晋升为第一副导演，后利用电影公司用剩的底片、50万港币及5个工作人员拍摄《香港制造》从而一举成名。他的主要作品有1997年的《香港制造》、1998年的《去年烟花特别多》、1999年的《细路祥》、2000年的《榴莲飘飘》、2001年的《香港有个好莱坞》等。

★香港独立电影"独苗"

陈果：主流社会不做的，我们在做

20世纪末，年近40的"青年导演"陈果，以饱含黑色幽默、富有形式感的电影语言，在香港商业片大潮中异军突起，创作出惊艳影坛的《人民公厕》、《香港制造》等佳作。陈果以写实风格、浓郁的社会批判色彩以及对社会下层和边缘小人物命运的关注为自己赢得了"草根导演"之称，他因此成为了香港这片文化沙漠中难得一见的奇异导演，这也奠定了陈果在香港电影乃至国际电影界的地位。然而近年来的陈果面临转型之惑，因而颇为沉寂，鲜有作品。他在商业和艺术电影的迷局中颇感踌躇，试图寻觅其中的结合之道。

香港非主流之路

"我以前伺候别人够多了，该伺候伺候自己了"

1981年，22岁的陈果进入电影界。第一部片子是跟唐季明拍的，叫《杀出西营盘》，但没拍完他就走了。当了近10年的资深副导演，其间还做过助理制片、助理导演、策划等等，几乎成为全能电影人。他自嘲自己足够老了，一路过来，人间苍凉悉收眼底。

1997年，他一鸣惊人，以50万港币和别人弃用的8万英尺胶片，拍成个人风格强烈，后被载入香港电影史册的《香港制造》，揽获当年多个影展的多项大奖。

南都娱乐：什么原因促成了你最初的作品？

陈果：之前我当了这么多部商业片的副导演。拍主流的导演常常故步自封，又要拍一些所谓“潮流”的东西，还一窝蜂地去做。那时候我就知道这段日子是我的，该轮到我了，我在片场摸爬滚打这么久，学了这么多，我以前伺候别人够多了，该伺候伺候自己了。我想我很慢热，用一句也许是自夸的话来说是“大器晚成”，人生是很奇怪的，那时候我觉得自己的生理状态出现变化，当然这里面也有很多不好的影响，有时候是负气，感觉到其他导演不如自己，认为自己可以做得更好，因此机会成熟，我就去做。

南都娱乐：大家认识你是因为《香港制造》，到后来的“回归三部曲”，都是反映底层社会，当初怎么会有这样的主题选择？

陈果：因为你自己要做自己的东西的话一定要和别人不一样，你要去找一个方法，你凭什么来吸引到观众？其实我认为这里面的概念和商业片是没有什么分别的，你也需要考虑怎么来吸引观众，就算最小众的观众来看我的电影，也要有吸引他的元素在里面，只是我不想受商家、投资方的过多影响。另外一方面，香港虽然是物质文明高度发达的城市，但其实那里还有很多人生活在困苦中。很多香港导演喜欢拍中产阶层的东西，而主流电影给人们看到的往往是好的一面，却看不到贫困边缘的大众。我也出身于这样贫苦的环境，所以我有机会拍电影，主题就想围绕这些底层人物的故事。

南都娱乐：当初拍这些片，是否有些搏出位的想法？

陈果：我没有特别去搏出位，但判断是好是坏之前会有些衡量，观众怎么看我的作品、怎么反应，这是我不能控制的。我是商业片出身，电影是一个很工业流程的东西，任何一个可能都在我的考虑范围之内。但拍片拍得好不好，是你有没有心的问题，如果你够坚持，用心来做一件有难度的事情，那么这才是对一个作品真正的考量。

南都娱乐：你的电影中有些黑暗的东西，这和你的经历有关吗？

陈果：我的性格是乐观的，但自己喜欢拍摄压抑、悲伤的主题，因为就算自己笑的时候也会让人感觉到比较严肃。电影是一个表达方式，我不喜欢拍喜剧，但我是一个很正常的人，有父母，有家庭，有小孩，在创作空间有自由。我穷人出身，小时候家里很穷，但也不是穷得吃不上饭那种。那种感觉是很快乐的。另一方面，之前我们承担着对社会现实进行描述的责任，主流社会不做，我们在做，可平民定位对我来说不是一个永恒的道路。

南都娱乐：你觉得自己的作品在多大程度上反映了香港的现实？

陈果：可以说百分之八九十吧。里边一定会有戏剧性，但整体来讲，我的片子里发生的事情都是一种真实情况的投影，不是乱编的。以我个人的力量，能做这样的事情，我觉得很骄傲。比如“九七”当初这样一种大的历史事件，基本上没有一部主流电影涉及，但我们这样小得不能再小的公司却做了这个题材，其实是非常难的。

南都娱乐：那你以前那些独立电影的资金都如何解决的？

陈果：有很多方法，《香港制造》是刘德华垫钱进来，《人民公厕》是来自韩国的资金，《细路祥》、《榴莲飘飘》都是日本和法国的钱，《香港有个好莱坞》也是日本的钱。当时的市场就是这样，你有好作品，人家都会有钱来赞助，自己出1/3，或者大家也可以合作，因此不用出那么多钱就可以做一部电影，生存就不是问题。

南都娱乐：和你同一时期的一些导演，比如台湾地区的杨德昌、内地的贾樟柯，他们也是关注底层的导演，觉得自己和他们有何不同？

陈果：他们是拿很多钱拍电影，我是没那么多，而且大家的处理方法不一样，他们是朝大师的方向走，我是任意为之，不考虑那么多，主要是自己先过把瘾，我就不管大师不大师，我想我是比较自由的。

南都娱乐：现在回顾最初当副导演的那数十年，对自己后来有什么影响？

陈果：主要在学习，但在学着掌握技巧的过程中，当时感觉时间是被浪费掉，又觉得自己对社会没有贡献，但现在想想，当时吸收的东西都用在了自己身上。我跟的导演挺多的，唐季明、黄志强、成龙、洪金宝、张坚庭、区丁平、于仁泰、麦当雄、黎大伟等等，从每个人身上学到的东西也不一样，主要是学他们各自的专长。张坚庭很善于处理小人物的幽默感，有点像美国的伍迪·艾伦，他拍喜剧，拍小人物的小品非常好；成龙、洪金宝的特长是动作片，我就学他们的动作处理；麦当雄和黎大伟是写实派的，李修贤是警匪片，于仁泰是鬼片。我从每个人身上都学到一点东西。

南都娱乐：一些什么导演对你的作品有影响？

陈果：20世纪60年代日本导演对我的影响很大。那时候我很年轻，像大岛渚等日本新浪潮代表，他们的电影成本低，反映很多社会问题，我有点像他们。到现在，不管是非主流还是商业，好看的电影都是好电影，好看的电影都是成功的电影，我都欣赏，我跟一般观众没有两样。但我在创作中是很自由的，不介意什么套路和规范，这我跟很多导演不一样，本质上我可能没有什么流派。

南都娱乐：在你的电影中，风格也是不断变化的，有的略为魔幻，有的却很写实。

陈果：这是技术上的问题，这种技术和你的思想是有关系的。老实说拍电影有太多手法了，你既可以这样也可以那样，只是一个表现方法，但是中心思想是不变的，怎么拍都无所谓。

独立电影不能承受之重

“你们只是隔岸观火，但是我自己身处一个工业里，生存是很重要的”

在1997年到2001年期间拍摄的“回归三部曲”、1997年《香港制造》、1998年《去年烟花特别多》、1999年《细路祥》，以及已经完成的“妓女三部曲”之中的《榴莲飘飘》、《香港有个好莱坞》令陈果名声大振，成就事业高峰，拿奖更是拿到手软，然而问题也接踵而来，是保持小成本独立创作，继续个性化发展，还是以此为敲门砖，向主流商业方向发展？想商业却只愿意作有底线的妥协，重复过去的风格又难再推出新的东西，反思与沉寂，令近年来的陈果步伐明显放慢。

南都娱乐：你的旧作大家都记忆犹新，但为何近年来却迟迟未见你的大作？

陈果：现在的市场很开放，年轻人，主流电影，而我一直做过去那些东西，给人感觉像地下导演，不容易把握一些东西。如果我继续拍，困难只会越来越多，这类型的电影的生存机会越来越小，非常艰难。没有太大的动力去做，影迷们的观赏角度也在变化，我的满足感和成就感也在消失。其实每个人在每个阶段的需求是不一样的，这是一个成长的过程。这种片一直拍的话，一方面是太自我，而在香港，经济压力很大，很难很难。像我这样，不能说是这类电影拍到了尽头，只能说是换个环境，继续再摸索一下。

南都娱乐：这中间最大的困难是什么？

陈果：因为不是每部片都能成绩好，能不能资金运转顺畅是现实问题，观众是忘本的，他觉得你这次拍得不好，下次就不看你的电影。这是每个导演都要面临的现实问题，不会有观众永远都追随你的，因此在观众没有背叛我前我要先背叛他们。当然我继续拍是OK的，但这样做法重复，我个人也没有了新鲜感，没有了动力。其实独立电影非常困难，但这个过程是种学习，学习用有限的资源做超越自己的事情。但是有的过程是很沉重的。

南都娱乐：你得了这么多奖，资金应该问题不大吧？

陈果：未必，当然只要做主流，资金完全没有问题。我之前做了太久的主流电影，我知道站在老板的立场上，他一定会有市场的忧虑，他考虑的问题一定会很多，他考虑得太多的时候你就会很烦。商业电影就会受到资金的牵绊，这是必然的。但我自己拍的时候，只是左脑和右脑之间的挣扎。

南都娱乐：那这几年都干嘛了？

陈果：我不是不拍，是太累了，因为过去几年工作太厉害。去年我去好莱坞拍了一个鬼片。好多人都问我去哪了，消失掉了？其实没有。2009年还和崔健、许秦豪合拍了《成都，我爱你》，那个故事分过去、现在、未来三部分，我拍了过去那部分，崔健拍了未来那部分。

南都娱乐：后来你首部转型拍的商业片《饺子》，创作上有没有受到一些约束？

陈果：其实《饺子》对我的创作来说很有宽容性，陈可辛对我这方面很宽容。虽然是商业包装，但其内核并没有大变，我并没有作太多妥协。包装之后，更能从观众角度出发了，商业电影比独立电影更关注观众的感受，这从某种程度上来说是好事。

南都娱乐：*现在对商业电影是不是有了新的看法？*

陈果：我现在更欣赏能雅俗共赏、叫好又叫座的电影。比如李安、张艺谋，作品中有很大的艺术性，这能很好地影响到投资者，又能保持自我的态度，但我现在还没有到这个位置上。

南都娱乐：*你讲了独立电影的种种难度，但似乎现在香港还是有不少关注平民的电影出来。*

陈果：的确有人做，但不是经常有，因为运作真的很困难。是不是某些人有搏出位的想法并不重要，因为电影是一定会有社会效应的，不出位的导演是可能有这样的想法的，我对搏出位现在不去想，重要的是有没有心，其实这种片的商业价值是很低很低的。

南都娱乐：*那你开始向纯正的商业道路迈进了吗？*

陈果：现在会拍一些商业的好玩的东西，具体拍什么，现在还是有悬念。这可能会违背个人风格，让观众失望，这是正常的。我完全不会抗拒，但我想新的作品也未必没有惊喜，拍电影只是生活的一部分，艺术的一部分而已，我尽量保持自己旺盛的创造力。

南都娱乐：*还可能会拍以前的电影吗？*

陈果：就是不好拍，市场太弱，主要是没有市场，以前有现在没有，生存是很现实的，钱没有回转，你再做下去也是很难的，虽然我不赚钱但是我死不了，我起码能生存，基本上我没有亏本的。虽然当时我拍那个电影是有生存价值的，但后来我觉得再做下去没有突破点的话，对我来讲可能很危险。我的思维有点改变，虽然我坚持这么久，但其实人在某个阶段还是有一些改变的。明天或以后如果我拍商业片会有什么样的结果我也不知道，我把这个消息讲出来的时候，我的影迷也有点急躁了，哎哟怎么要拍商业片了呢，但是没办法，你们只是隔岸观火而已，但是我们自己在一个工业里面，生存是很重要的。

炮轰华语电影之囧

“目前的中国不可能出大师”

面对多位香港导演北上成功，陈果也不是没有动过心。只是过去在独立电影上的成绩，影迷们对他的期许，都成为他对未来道路的考量。如果说当初他曾因看不惯商业电影模式化而以独立电影出围，如今却因发展瓶颈要再次返回商业电影，其中的矛盾，也就折射出艺术电影在这以市场为主导的电影圈中的生存窘境，采访中陈果不仅担忧当下人文匮乏的商业环境，而且对香港电影的未来也并不乐观。

南都娱乐：怎么看当下的华语电影市场?

陈果：是最旺盛的时候，但还正在起飞。当然是黄金时代，但能不能持续很久，很难说。国家在进步，意识形态在放宽，拍摄的空间更大，但比起韩国来说，他们的发展形势更猛，无论是商业电影，还是艺术电影都达到前所未有的繁荣。但我们人多，还是有一定数量的好作品出现，不过没有所谓的大师。目前的电影市场很迷茫，只能是商业片的天下，大师往往都会很个人，不受太多社会影响，有独特的自我风格，目前的中国不可能出大师。

南都娱乐：是否有考虑和内地合作拍摄电影?

陈果：会有市场的考量，希望拍摄商业和艺术兼具的作品。其实有的事情是自己个性所致，不喜欢拍不符合自己感觉的作品，以前没人管，现在也不想有变化。有好的机会，当然会考虑做，以前有内地老板找我拍大投资，但我觉得很累，带着几百号人在山上跑来跑去的，所以暂时没有动作，但也想妥协，又担心风险太大，心态上有些矛盾。

南都娱乐：对现在的青年导演怎么看？看到你和他们有不少合作，比如给盛志民的《浮生》做监制。

陈果：其实一直都有合作。无所谓啊，我自己不想拍的时候就帮一下年轻导演。作为青年导演，要是一早就被归类为拍商业电影，那就没有自我了。年轻导演一开始都会想自己要做哪种导演，这里面会有一点分歧，虽然青年导演给自己定了位之后也不是说以后就不能改了，但年轻导演光凭想或讲是不行的。导演的成长是一个蜕变的过程，可以最初拍自己喜欢的东西，然后试试再和社会和市场结合，这个门槛是一步步上去的，当然有时候不要想得太好，商业不商业无所谓，主要是看导演你自己想拍什么。这里面当然有社会风气的影响。

南都娱乐：现在的香港电影势头不如从前，你怎么看？

陈果：香港电影的变化很大。这几年优势渐渐地没有了，有很多原因，当然这是进化论，有些事情是无法抗拒的，这和社会的变化是同步的。现在的香港电影面临内地及海外电影的巨大竞争，连喘息的机会都没有，不敢去想象。

南都娱乐：如今你怎么看待艺术电影的价值？

陈果：这个很难讲，因为现在国内导演都跑去拍商业电影了，现在文艺片都没人拍了，因为文艺片有个很大的基础，它是一个文化的东西，它代表社会上某些年轻人在思考中的东西，但这个文化的东西在目前中国的年轻人中越来越少了，我反而觉得是一个危险的东西，年轻人都去拍商业片的话，是会给社会遗留下一些主观的见解的。大家都去拍商业片，人都会变得没有想法，独立性不够。

南都娱乐：你一直都喜欢自己编剧本，以后做商业电影也会坚持创作吗？

陈果：这是我的强项，当然会一直做。对创作剧本而言，开窍是最重要的，至于创作源泉，每个导演，每个时期都有不一样的感觉。这是没有固定形式的心理变化，听起来很玄，但这其实是个人的一种沉淀和张力的融合，就算做商业电影，我想我也能找到自己的感觉吧。

南都娱乐：你的“妓女三部曲”还未拍完，还会拍最后一部吗？

陈果：想十年之后再拍，想从不同的角度来拍，跟随社会的变化来想新的故事，因此忍一忍吧，到时候再尝试。

【记者手记】

黑黑壮壮的陈导穿着T恤短裤接受我的采访，他一副毫不起眼的打扮，寸头短到不能再短，外形和“草根导演”之名极为相称。说话的口吻虽然随随便便，却不时冒出犀利、坦荡之言。他的回答中没有义正词严的强调，没有套话，倒是喜欢边思索边作答。采访伊始，他就直白地告诉我，能不能少问过去的事，显然，他已经厌倦了身上那些过去的光环，摩拳擦掌等候电影生涯的新篇章，让我们拭目以待。

（采写／陈潇）

印象：特立独行地在香港爬行

文／朱白

陈果是一个奇迹，或者说只有在那样一个特殊的时代才会生长出陈果这样的特殊果实。20世纪90年代，那至少还是一个有胶片的年代，陈果可以靠捡拾别人弃用的胶片来完成自己的作品；那还是个需要摸爬滚打不断在片场锤炼心和手的年代，所以才会有陈果这种全能多面手且从底层一部一部做起的导演；那还是个不太注重名气和讲究演技的年代，娱乐圈的浮华尚未全面开花，才有李灿森、姚月明、秦海璐这样名不见经传却可以挑起大梁的演员出演的作品。与其说陈果这样的草根导演的存在成就了那些作品和艺人，还不如说只有那样一个年代才成全了陈果这样的另类导演。

陈果不仅仅是将注意力锁定在底层的人，他更是用草根的方式解决问题、看待世界，比如他在《饺子》这样的偏商业题材中，也能用普通百姓的眼光来审视这个世界，他可以将贩卖胎儿饺子的白灵拍得不那么恐怖，而是像街头普通劳动人民一样肩挑臂扛地去谋生计。至于在香港街头跑来跑去看世界的“细路祥”和从东北来到香港靠卖笑为生的秦海璐，在陈果的镜头里更是有着一股生来如此的粗劣与真实。

曾几何时，陈果是打开香港电影另一扇窗的创作者，他让全世界看到了不一样的香港电影，你可以说他师从台湾新浪潮时期侯孝贤导演等人，偷艺于日本成濑已喜男、小津安二郎等现实主义导演，但透过陈果为你打开的这扇香港之窗，你看到的还是属于一个年代和地域的独特风光。陈果至少颠覆了人们提及香港电影便是吴宇森、王家卫、徐克的狭隘局面，他将香港电影的版图向前人未曾抵达的领域扩张了。

从自身来看，陈果用“家贤”“妓女东东”“北妹阿燕”等角色为港人及那些赴港工作的人留下了一张张动人的时代面孔。这是香港电影在个人塑造上从未有过的深度，他们的存在精密地描摹出一代港人的生存困境和生活中的喜怒哀乐。《榴莲飘飘》中陈果更是将摄像机镜头伸向了东北腹地，这是当年多少人不相信的影像——一位港人导演竟然可以把水硬山秃的北方平原拍得如此入木三分。

可以偏执地认为，迄今为止年轻一代导演里尚无人可以接过陈果的“枪”，他的独特风格甚至令后来的彭浩翔、黄真真等人也难以接近，他是香港最具个人风格的一位导演，即便他已经有七八年未曾正经拍片了。在香港那么一个弹丸之地，陈果用自己为数不多的作品证明了那里也是可以生长出生机勃勃真正现实主义影像的地方，他用贴近大地的爬行姿势，一次又一次地重现了一代人的心灵景象。如果没有吴宇森还有杜琪峰和林岭东，如果没有徐克还有程小东，如果没有周星驰还有刘镇伟，但如果没有陈果呢，即便其取代品至今也没有出现过。

彭浩翔

1973年生于香港。幼年曾被视为弱智，经测定智商高达135，属于天才儿童。12岁，与兄弟用旧式摄像机自导自演短片《智勇三雄》；1997年，创作长篇小说《全职杀手》，并被刘德华买下版权拍成电影；1999年拍摄首部短片《暑期作业》；2001年完成了首部剧情长片作品《买凶拍人》。他在电影之外写专栏、出书，粉丝无数，是香港青年导演的中坚力量。

★香港怪咖青年导演

彭浩翔：华语电影太统一，我这样奇怪的易突破

37岁，彭浩翔应该是当时登上《南都娱乐周刊·百家讲坛》栏目最年轻的圈中人。10年来香港电影市场浮沉，他却能每年拿出新作，并折腾出无穷创意，无论是阔太买凶拍人、大丈夫们集体偷腥、痴男怨女那点破事儿，还是烟民儿女浪漫爱情，无一不寓荒谬有趣于体察入微。智商高达135的彭浩翔，既得投资者首肯，又得影迷受落，是香港青年导演的中坚力量。2010年6月，他携《志明与春娇》进入内地市场，前路有更多资源，也有更多限制。他说，过去10年不过是起步阶段，往后还有很多千奇百怪的东西要玩。

借类型外壳讲荒诞故事

“如果纯粹做个类型，没什么意思”

最近，彭浩翔有两部电影上映——两部同时被列为三级片。说起此事他有点冤，渲染血腥杀人情节的《维多利亚一号》是活罪难逃，但《志明与春娇》可是浪漫爱情故事。不过，这一切发生在从

小热爱恐怖片、黑帮片和Cult片的彭浩翔身上，毫不出奇。出道以来，“新一代开山怪”、“怪鸡导演”的称号从未消失，在煞有介事的类型包装下，他那些极尽荒诞夸张的故事让人津津乐道。

南都娱乐：最近上映的《维多利亚一号》，噱头之一是血腥恐怖，拍恐怖片那么有瘾吗？还是一贯地借某种类型外壳，包装荒诞事？

彭浩翔：恐怖片我自己喜欢，但这不是一部纯粹的恐怖片，在恐怖杀人中间是有些关于楼市的疯狂信息表达出来。我觉得如果纯粹去做一个类型，没什么意思，我会想在这个类型里有多点东西。（此前何超仪说，对楼市的愤怒源于你的生活？）是啊，源于之前我和一位泰国监制Raymond P. 吃饭，说起这个，因为我自己一直都买不到楼嘛，我就想为什么会这样？为什么勤奋工作都买不到楼？为什么有些人一直都有楼，或很早就买到楼，莫非他们以前曾有些不可告人的秘密？

南都娱乐：在《志明与春娇》、《大丈夫》等片中，总会出现几个人围着说八卦的情节，会不会常放自己或朋友的故事进去，素材怎么来的？那么多天马行空的东西。

彭浩翔：其实听朋友说话很多时候不是听一个故事，反而是听到一句话，或想起一句歌词，可能大家都对那句话没什么特别感觉，但可能回去再将它慢慢发酵，就能变成另一种东西，很多时候都是这样的，会在一样东西里找到另一样东西。比如说，《AV》是我以前在李栋全（剪辑师）公司（天幕电影）里某个助理的真实经历。他真是读电影学院，找了个女孩来拍戏，拍了一半就没拍了，我那时觉得这件事挺有趣，于是将它继续发展，就变成《AV》了。

南都娱乐：为什么那么有情结去拍杀人呢？还有那些黑帮故事，像《买凶拍人》？

彭浩翔：以前看很多黑帮电影，好想去呈现这种，想自己试下。（是不是很喜欢吴宇森？在《买凶拍人》里扔白鸽、玩枪。）我很喜欢啊，《英雄本色》那些，《买凶拍人》里整天都讲啦。

南都娱乐：时事细节你也会放进影片里，《AV》说维园保钓，《大丈夫》里车牌数字也很明显。

彭浩翔：嗯，不要说车牌了，没什么特别，想摆就摆咯。其实是想放些时代意义下去，《大丈夫》那个偷食故事是说香港经济下滑嘛。所有好玩的东西全在回忆里，到曾志伟带侄子到处走时，没一个地方是当年那样的。

南都娱乐：你觉得自己是不是很怪的人？

彭浩翔：其实我觉得自己不怪。我想做一些不同、有趣的东西，但现在不知道为什么，忽然间你做有趣的东西，不想和大家一样时，是一种怪。但创作本来不就这样吗？其实我一点也不怪，很多人以为，哎呀，他很天马行空的啊，想很奇怪的东西，但其实我……比如我生活很有节奏，以前麦曦茵（香港女导演，《志明与春娇》另一编剧）来开会，她先打电话问助理导演到了没，因为在她的认知里，导演通常不知道什么时候才会到。后来她不打了，她知道导演一定到了，我甚至比助理上班还早，平时通常9点多就到办公室了。

身兼数职以控制资源

“天马行空是要有实际成本支撑的”

回溯彭浩翔的人生轨迹，他从来就是个不安于室的聪明人。12岁自拍短片《智勇三雄》太遥远，只说他24岁写小说《全职杀手》，就完全出自“要当导演先当编剧，要当编剧先写小说”的深谋远虑。据说他拍《买凶拍人》前曾结识过气杀手，还研究制作炸药。而在影片投资会上，他常是最喜欢见老板的导演，他善于推销且屡有斩获。在有限资源下，他身兼导演、编剧、监制数职，所以从时间、成本到镜头计算精准，绝不作无谓浪费。在许多人慨叹市道不乐观时，他10年拍10部电影，旁人说他好运，他说他一年写了多少剧本，又有谁知。

南都娱乐：导演生涯里，1080元和10万元的故事分别是报读编剧班、拍成《暑期作业》的转折点，后来还有哪些转折点？

彭浩翔：我觉得最重要的转折点是，谷德昭愿帮我监制我的电影，以及寰亚公司肯投资拍《伊莎贝拉》。后者因为我之前四部都是喜剧，当你的标签是喜剧导演时，遇上任何题材，很多公司都希望你拍回喜剧。寰亚是第一个愿意让我去拍非喜剧类型的公司，它还让我做监制，我第一次全权掌控整个制作，有效地呈现我要的东西，这很重要。

南都娱乐：最开始写小说是为了做编剧，然后做导演，但为何要做监制？

彭浩翔：因为做电影要做编剧，做编剧要学会写小说，那我就开始写小说。为什么那么少导演写小说呢？大家连自己拍的剧本都不想写。对我来说写文字没压力，就算我找编剧商量，我也自己写，我喜欢由文字开始控制电影。开始是做编剧和导演，到《伊莎贝拉》才开始做监制，我想有效控制资源，资源分配其实也是创作的一部分。有时很多监制用传统的方法看问题，但资源很不够时，要用非传统的分配方法。在一些你认为可以放资源的地方，我要抽走；你认为不需要放那么多资源的地方，我可以重锤。对于这些只有监制才有决策权。比如《伊莎贝拉》对我来说美术很重要，那我要花比正常预算还多的钱在美术上，如果换别的监制可能就会不赞成；本来拍一个餐厅要20个临时演员，我全抽走，我当餐厅是快打烊的，已没什么人。很多人不明白，说你的戏很天马行空啊，但天马行空是要有实际成本支撑的。乱想东西其实是很吊诡的事，越要乱想东西，越要想清楚，才可以控制资源。

南都娱乐：《大丈夫》里对过去繁华的怀念，多少是你的感慨，一出道竟是行业低谷时。

彭浩翔：是啊，我是很有感触的，因为一开始出来做，就是一个低潮。所以会觉得好像永远比别人吃亏，就像是你在一个舞台剧谢幕时突然出场。一方面很缅怀过去，怀念听那些编剧讲的，去杜老志夜总会之类的；另一方面也很惋惜。（虽然好像是谢幕才出场，但现在看来不是很成功吗？）不可以说是很成功，就是幸运，从2001年开始我一直都有戏，大概每年一部。对创作人来说，持续不断地有作品出来是重要的，等太久才有作品观众对你很难有反应。我会尝试用我的电影去反映一个时代，反映现在年轻人的心态或变化。

南都娱乐：怎么保持每年一部电影？对很多年轻导演而言，似乎很难。

彭浩翔：嗯，幸运吧，还有就是行政和创作我都做过。我在电影公司做行政，很多时候我知道和投资者沟通、去找资源的方法。而且，年轻导演很少自己做监制，我是自己做监制。还有些年轻导演是等编剧写剧本，这样就吃亏咯。大家说你很好啊，一年开一部戏，但我一年写多少个剧本？拍不成的那些，你又看不到！你不知道我有多少project做了很多准备但开不成。

南都娱乐：听说你拍得很快，有时十几天拍完，是不是资源短缺所以时间控制很紧？

彭浩翔：不是，我拍得快的原因是因为想得到更多的资源。其实我够钱拍25天，但为什么只拍了15天？因为我要将资源浓缩，现场用的比其他监制多，就是我对景、器材所有东西的要求，有些会很贵，我去哪找钱？我不懂变钱出来，唯有在其他地方压缩。但好处是自己写剧本，可以很准确，甚至能从剧本上就知道哪些东西要哪些不要。近年我的DVD没什么删减片段，一场戏可能有很多个不合适的镜头，拍了但表演不够好的，但没一场戏是拍好了然后扔掉的。

南都娱乐：你怎么理解王家卫这些没剧本的导演？杜琪峰的《意外》也拍了两年。

彭浩翔：嗯，不是，王导演和杜导演不是没剧本，是他告诉你说没剧本而已。其实无分对错，我不会觉得他们是错的，是看手头上有多少资源。其实他这种是最好的，因为虽然很多东西能在剧本上想象，但很多时候只有拍出来才知道效果好不好，那最好的方法当然是拍了出来然后挑，当然可以拿到最好的咯。每次去电影学院，那些人都问这对不对。没有对或不对，有这个资源，这么拍就可以叫做对，如果没这个资源，这么拍，最后将所有资源都浪费了，烂尾，那就是不对，就这么简单。因为你不是王家卫，不可以那样做。

南都娱乐：演员方面，曾国祥、周俊伟他们好像常出现，是不是用熟人很方便？

彭浩翔：因为大家很熟，比如说他们的角色要不断地讲粗口，又有很多情欲镜头，可能不熟的演员就要尽力说服他，我又懒，他们是熟人就不用说那么多。曾国祥（曾志伟之子）有时就是编剧，比如《维多利亚一号》他也是策划，自己有份写，所以他没做周俊伟的角色咯。后者角色要露股，曾国祥看到就说，哇，你骗我露股，我有份写我还不知你这些东西。他发觉不对头，就说，导演，我帮你找了周俊伟来替。周俊伟也是演的时候才知，哇，那么大胆的，但没说什么。

南都娱乐：以前也找过一些偶像，像《破事儿》里有陈冠希、阿娇，是刻意找他们吗？

彭浩翔：没刻意，次次都是看角色。但《志明与春娇》一开始就想着是杨千嬅和余文乐，很多时候我在写剧本时就在想哪个演员了，通常去聊都是行的，为什么？其实每个演员都会看剧本，看剧本后觉得角色适合他，或很有趣……当然写的时候要想一下有什么他没做过但能够演，同时他又觉得有趣味的。

进军内地带来新冲击
“华语电影太统一，加我这样奇怪的易突破”

拍了10年电影，彭浩翔终要进军内地。与宁浩曾多次讨论合作，也曾跟冯小刚过从甚密，但直到2010年6月《志明与春娇》在内地正式上映，才标志着他正式进入内地市场。摆在他面前的，既有投资者的担心，也有审查规例的限制，但他墨镜下的眼神流露出的更多的是期待，内地古装或时尚大片都太雷同，他觉得自己会带来新的方向和冲击。

南都娱乐：2010年你和内地有部合拍片叫做《会撒娇的女人》？

彭浩翔：不是合拍片，简直就是内地电影，而且这个不是片名，只不过是改编这本书而已。（畅销书到你手上会变成什么样？）是啊，投资者都很担心这个。我想有点不同的东西给观众，如果还是拍一部《杜拉拉升职记》或《非常完美》，没什么意思。现在的华语电影，感觉好统一，无论是趣味还是风格，无论是故事题材还是影像，都很统一，比如说几位大导拍的古装大片都是那种味道，喜剧又很类似，市场上不应该所有电影都同一风格，应该有些突破。所以加一些我这样奇怪的导演可能会更容易点。我觉得该有些新冲击，我想去找个新方向，华语电影应该有多点不同呈现给观众。

南都娱乐：内地电影尚无分级，会不会觉得进入这个市场受限大？

彭浩翔：会，所以分级制应该实行，现在全国人民一直在陪小朋友看戏，现在分级制，全分到一级嘛。（香港有分级，你最近两部戏都变成三级，不担心影响票房？）其实影响不是很大，《维多利亚一号》分三级我明白，但《志明与春娇》分三级我不明白，它只是一个浪漫爱情故事，粗口很少，不比我们平时生活中多，你试下放个麦克风在街上录一下？我本来跟公司谈过，是不是要删点，原本有一个delete版（删减版）给公司，但他们看完后都觉得不应该，因为所有趣味都来自那点东西，删了就没意义。

南都娱乐：内地与你年龄相仿的导演宁浩，你们交流多吗？

彭浩翔：很熟，宁浩和我同一个经纪公司（CAA）的，经常见。我们整天谈合作，想某些东西可以互相合作，可能是一人拍一part（部分）的一部电影。

南都娱乐：前两年你有和冯小刚写剧本，后来怎样？

彭浩翔：那个剧本没拍成。一来，剧本无法通过审查；二来我和冯导想了好几轮，想了几个故事，加上很多想法，想到最后却都没做成，只不过冯导很出名，大家留意到这件事而已嘛。

南都娱乐：你和他合作，彼此交流有什么火花？有人说你是香港冯小刚。

彭浩翔：他那个喜剧感是很独特的，我们很喜欢对方的喜剧，但大家类型不同，就在创作过程中互相探讨。（始终文化上不一样？）我觉得喜剧特别有地域性，很多口头语言和笑话。就算赵本山和周立波，也很不同。可以有一个全国很成功的动作片，因为动作片是共通的，也可以有一个很成功的悲情片，但喜剧很难，因为每个方言体系、地区文化都在喜剧里。毕竟喜剧会贴近时下文化多点，而每个地方的文化都不同。

跨界写作纯粹是喜欢
“《爱的地下教育》是中国青年爱情调查报告”

中学就开始投稿，文艺青年出身的彭浩翔如果不拍电影，恐怕早已成名作家。他热衷文字创作，由于一年拍一部戏，又是个典型处女座时间管理高手，空闲时间可以用来写剧本写专栏写书写博。大半年来，他开的专栏《爱的地下教育》以犀利深刻又不失关怀的风格风靡国内，2010年正式出版。之后他又在微博收集“文革”小故事，试图以最轻的文字分量，浓缩沉重记忆，呈现每个人片段式的家族历史。

南都娱乐：*在内地出书、写专栏、写博客和微博，是为了与观众有更多交流？*

彭浩翔：都是的，而且我喜欢写文字。其实我回复读者的信，不仅仅是帮他们解决问题，而且我也永远感谢写信给我的人。就算我没答复，但每一封信都会看，各地不同年纪的人的感情生活我都想了解。对我来说，《爱的地下教育》其实是中国青年爱情调查报告。有公司和我们谈，想搞《爱的地下教育》电影及剧集，我觉得可以，但未必有那么多时间，可能我会做监制。

南都娱乐：《爱的地下教育》对你而言意味着什么？

彭浩翔：我自己很满足于《爱的地下教育》，写了大半年，去到不同场合，有些新朋友，无论什么年纪，甚至有个当了妈妈的女士，忽然会和你说，导演啊，你上次骂那个女孩骂得真对。听了那番话，我开心了几天，因为真的有人会看到这些。那篇稿可能带给我的只是千百块，但它给我的满足感很大。我也是文字创作出身，不介意写小说、写专栏，但我的文字不是用来宣传电影的，写专栏的原因是我真的喜欢那个专栏。

南都娱乐：《爱的地下教育》里面很多东西都说得好“抵死”（粤语，讨厌、缺德之意），一针见血。

彭浩翔：记得内地出《破事儿》时，编辑一直陪我做不同城市的宣传，他说，导演，你平时抢白别人的话挺好笑，为什么不试下收些信来答，然后“串”（粤语，抢白之意）人家呢。其实我平时说助理那些话挺好笑的，最可惜是别人听不到，哎，那我说，挺有趣的哦，不如试下。但这种答信专栏很难连续每一封都答得好，慢慢地你会累的，《黑客帝国》里Neo可以一个人打100个人，但不能连续五日五夜都不停地打嘛。当你开始累的时候，水平就会跌，那还不如在水平跌之前结束它吧。当然有些人答了好几年啦，连岳他们很厉害，还有那些知心姐姐啊，但我一定要休息一段时间，说不定一段时间后会再答咯。

【记者手记】

一路看他的电影、小说、专栏、博客、微博，依然感到采访彭浩翔是一件纠结的事。印象中，如今两部三级片在港热映的彭浩翔，应该是个犀利、毒舌、张牙舞爪的灰太狼。但在湾仔那间纯白色的工作室内，他却像喜羊羊一样的白净斯文。他大多数时间东张西望，似乎不想理你，却又像智商爆棚，只需花一半心思和你聊天，另一半用于神游，没人知道下一秒他的脑海中会爆出什么东西来。最后无奈话题太多，草草收尾，而刚从美国回来时差还没倒完的彭导，早已忙不迭地在吃芝士海鲜焗饭，那是下午两点，他的早餐。最后，关于彭浩翔，将来必定无人肯为他写传记，因为没人写得过他自己。

（采访/叶晓萍）

印象：停下来脑子会爆炸

文／王洞洞

一个人有各种稀奇古怪的念头，那他有可能是妄想狂、生活无能者，如果这个人将这些念头编织成故事并在画面中展现出来时，那他就是位电影导演。从某种意义上来讲，彭浩翔是天生的导演，他不安、古怪、精灵、奇异，重要的是他能将这些变成一幅幅流动的画面。

你看外形，也许会想这是一个从学生时代就受同学歧视，无论如何再稀奇古怪抖机灵女同学也不会待见的胖子，他跟潮流之类的玩意无关，但你错了，他的作品会让你看到这是一个脑力胜过体力的时代——他太多办法了，相信也包括搞定女同学。

短短10年，彭浩翔大导演已经有了10部作品，他不是亚洲新星大师，但他却足以称得上华人新生代导演里最具个人风格的一位。5年是个分水岭，前5年的5部作品是彭浩翔的低成本肆意妄为的阶段，《买凶拍人》充满自我挑战的DV式捣乱，勇气与才华并举，《大丈夫》里的戏谑是成熟之时发出的阵阵自我嘲笑，《公主复仇记》、《出埃及记》里你看到一位青年导演的不甘心和全部的远大目标，《青春梦工场》则将生命拍成一曲赞歌，而这赞歌又是那么可笑。彭浩翔不存在所谓的学艺阶段，他一出道就貌似老练，即便游戏之作，也有恰到好处的内容与之配合。

《伊莎贝拉》是彭浩翔的成精之作，此时他已经成了电影艺术的掌管者，镜头慢移，音乐低沉，画面造作，一个并不伟岸的父亲与高大的女儿在充满疏离感的小巷里，色彩重重涂抹，有人说这里面有一种无助的美。等到了《维多利亚一号》时，彭浩翔仿佛已经忍受不了了，他多年积攒的想法要一次性爆发。对于电影人来说，在一部作品里设计一种场景、一种吃饭或者杀人方式已经了不起，可彭浩翔要将这种设计变成一种趣味，他甚至一次性地排练了数十种将人弄死的办法。这是极致的、强暴的、剧烈的、霸道的一次展示，或许它们在彭浩翔脑袋里已沉睡良久了。

你不知道彭浩翔的脑子里到底有多少灵异古怪的想法，它们不可能一一成真、成像，所以他才会也写上几本书——在文字中将之完成——如果不是这样，他的脑子哪天爆炸了也说不定。

如今彭浩翔已如跟他年纪相仿的内地导演贾樟柯、张元等一样（贾、张两人从地下到地上的过程，跟彭浩翔从香港到内地有某种共通之处），不堪忍受逼仄的空间而寻求广袤的场地去发展，可对于彭浩翔这种一停下来脑袋就会爆炸的鬼灵精怪导演来说，内地到底是不是一个更好的场地呢，我们只能拭目以待。

王小帅

1981年考入中国北京中央美术学院附中，后考入北京电影学院导演系。从他自筹资金拍摄处女作《冬春的日子》到《日照重庆》，短短10年间，王小帅开始形成自己独树一帜的电影风格。《冬春的日子》被BBC评为电影诞生以来的100部佳片之一；《十七岁的单车》获得第51届柏林电影节银熊奖；《青红》获戛纳电影节评委会大奖；2008年，《左右》获得柏林电影节银熊奖。

★第六代旗帜导演

王小帅：艺术片上映，就像在肯德基点炸酱面

作为中国第六代导演的代表人物，王小帅拥有敏感的影像触觉，始终关注大时代背景下普通人微妙的痛感。《十七岁的单车》是他迄今为止最出名的作品，它既是王小帅“地下”时期的代表作，同时也是最能透露导演青春期情结的“日记”。而在商业片时代，导演却发现自己多么的不合群。2010王小帅完成《日照重庆》的拍摄，成为戛纳影展参赛影片并在国内院线公映，引起广泛关注公映。

初拍电影

“拍电影就是把人给拍动了”

一个导演的风格树立在很大程度上得从他还没有做导演时说起，好比张艺谋之视觉，是因为他做过摄影师；陈凯歌之意境，是因为他出身书香门第并写过诗。王小帅则是美术出身，主要是受父亲的影响，自己的兴趣并不大。这一段经历首先让他特别注重电影的画面质感，其次当然也为他提供了处女作作品讨巧而相对易于把

握的题材——一对艺术家夫妇的苦闷生活。

南都娱乐：怎么想到从学画画转行去学拍电影?

王小帅：学画画呢，主要是父亲让学的，也不是自己的兴趣，那时太小了。因为父亲在话剧团，老看他们拍戏，潜意识对表演、排戏有概念。后来到了美院附中，才知道天外有天，那都是全国各地来的精英，觉得自己跟不上，而且那个时候学画画都比较单一、传统，基本都是架上的，不像现在有行为艺术、雕塑、巨幅等等。我觉得手脚很憋屈，《黄土地》那个时候不是出来了吗？我就知道有电影这么一回事，于是就想考入电影学院。

南都娱乐：你的第一部作品《冬春的日子》，说的就是艺术家的故事，演员是你的朋友刘小东、喻红，选择自己熟悉的题材，算不算是一个比较讨巧的办法？题材也是边缘的。

王小帅：对。刚开始拍的时候，也没钱，就借了一点点。想拍什么，只能从最基本的开始，概念就是用胶卷把人拍动了，就是拍电影。只能把目光放在最边上的熟悉环境，找哥们儿帮忙。相对于大的环境，我们的题材算边缘，反映艺术家的苦闷。当时中国电影的题材主题还是流行宏大的，主要是工农兵题材。但对我们自己来说，就不觉得是边缘，也不懂什么是边缘。只是没有人去触碰这个群体，没有什么人去关注这些搞艺术的。这个群体的精神状态很迷茫，毕业后取得一点点成就，但国门逐渐打开，外面世界的思潮也逐渐涌入，这个时候他们就开始陷入自我怀疑，思索着何去何从。

南都娱乐：很多导演拍处女作，会选择自己熟悉的家乡题材，比如贾樟柯会选择山西小镇，而你在上海、贵阳、武汉都生活过，但却在后面的作品中才涉及，这是为什么？

王小帅：我在北京生活了10年多，当我触摸到摄影机的时候，北京才是当下能够感受到的地方。而且很现实的是，如果搬摄影机去贵阳、武汉拍，也是做不到的。中国解放以后，出现了人口的大面积搬迁，是很普遍的，我们家是邮局出身，更是各个地方调动。而且中国家庭越来越以个人为单位，比较分散。我因为父亲工作调动的关系，在不少地方都生活过，其实是一种漂泊的状态，有点像在流浪，所以对户口、家乡这种概念不是特别强烈。

南都娱乐：你早期作品中的人物故事都比较极端，很残酷，是你自己的审美取向吗？

王小帅：像《冬春的日子》、《极度寒冷》，都是当时中国电影还不能触及的灵魂的东西，是展现一个群体的焦虑。拍《极度寒冷》时，我在艺术圈比较熟，当时行为艺术刚刚出现，比较敏感，出了一些事，大环境比较压抑。我个人比较喜欢冷酷的东西，每个人的内心都有自己的温度。

体制之外，地面之下

“《十七岁的单车》是城乡接合部的产物”

大多数第六代导演都经历过所谓“地下”到“地上”的过程，他们很多作品都没有公映，是体制外的作品，一方面是因为他们拍摄的题材比较敏感、个人化，与大的政治语境不相融合；另一方面，则由于他们拍电影的渠道也是非主流的，是商业片时代到来前被抛置在“灰色地带”中的无奈之举。王小帅是其中最有说服力的亲历者之一。

南都娱乐：早期拍电影的时候，有没有考虑过审查、体制这些问题？

王小帅：拍的时候不是很清楚这些概念。我只知道计划经济体制下，电影厂拍电影拍多少是有指标的，国家电影厂拍片是国家投钱，如果市场不好甚至没有市场，也是国家计划的一部分，市场压力不是很大。当时我们拍电影，想的是不需要向国家拿钱，是自己拿钱，没有伸手要钱，觉得是不需要审查的。后来才意识到，这样做也不行，即便没拿钱，也得纳入计划内，那个时候不理解。（现在理解了？）这个时候更加证明当初是不可理解的。现在产业化市场经济，大概是在2003年开始，现在公司可以拍电影，银行能够融资，电影管理机构成为一个服务机构，职能也发生了变化。

南都娱乐：感觉以前导演选择的题材更大胆，反而现在更加谨小慎微，有没有这种感觉？

王小帅：每一个环境都会决定其他方面的东西。现在回想起来，计划经济时代如果不从经济上考虑，拍的时候可以做一些大胆的事情，是因为把计划体制作为对立面，如果做电影的人被体制压制了，就有一些反抗的举动。特别是年轻人，搞艺术，容易找到一个发泄情绪的对立面，而现在这个对立面变成了市场，创作者与市场的对抗显得很薄弱，你总不能跟市场对抗吧，不能做亏本的买卖，反而在题材选择上考虑更多。

南都娱乐：《十七岁的单车》是通过了审查，具体到这部电影，为什么不能公映？

王小帅：《十七岁的单车》是在《扁担·姑娘》之后拍的，那时国内已经有民营资本的注入，开始允许某些机关下的公司拍片，但电影是有归属权的，是有指标的，你拍片子拉来钱，还要去找指标。比如大厂北影厂好像有二十几个，你多拍了不行，你少拍了也不行，没完成任务。《十七岁的单车》是一个转变期的产物，是一个归属模糊的作品，明明是某个机构出了钱，但版权又得给电影厂，还要交钱，电影厂卖厂标给你，有点像城乡接合部的产物。我当时做《十七岁的单车》的时候，就在整个灰色的区域，完全市场化的阶段还没开始。《十七岁的单车》有来自法国、台湾地区的资金，北影厂对这个电影的版权所属问题模糊不清，就会审查很严格。那个时候，我们经常听到所谓“枪毙”的消息。

南都娱乐：你对“地下导演”的称号反感吗？

王小帅：很正常，当时做电影的人都很没概念，导演、制片人、投资人都这样，这些称号都叫得热闹。现在放开了，这些名词就逐渐减少了。

被延长的青春期
“因为审查制度，国内还不具备拍青春片的环境”

普通观众也许不会去探究电影版权的归属，也不会想它究竟是在哪一个点上导致审查不过，他们的观影其实很单纯。《十七岁的单车》如果从电影本身来看，其实是一部风格清新的作品，演员高圆圆也是在这部电影里展露出她日后作为气质玉女的潜质。按照今天的眼光看，这部电影还颇有一点日韩残酷青春片的调调。王小帅承认，自己对青春题材是有很深的情结的，《我11》、《青红》（原名《我19》），这些作品与《十七岁的单车》共同连缀成一个青春期成长的主题。

南都娱乐：今天看《十七岁的单车》，觉得它有点像日韩青春

片的感觉，你自己有青春期的情结吗？

王小帅：我觉得人的一生中，青春期是最可贵的，是最生动的，是最叛逆的，感情的触角最丰富，对光明、苦闷、爱情等感受都是最饱满的。我们的题材到了中年阶段，有更多其他的东西进来，而不是一些生命本质的东西。

南都娱乐：如果说青春片是一个片种，国内好像就没有形成这个类型，不像在日韩。

王小帅：一切都还刚刚开始，市场还不完善。一旦电影被定性为商品，自然会被贴上标签：男人看的，或者女人看的。

南都娱乐：是不是还有一个原因，就是很难寻找到适合拍青春片的演员？

王小帅：我觉得演员、导演、剧本都不是问题，问题的关键还是受政策的掣肘。你比如说拍青春期，好感、初恋、青春期的发育要不要拍，你不能拍早恋吧，男女之间的暧昧不能拍吧，青春不完全都是甜美的，也有残酷的东西，日本就叫青春残酷物语，因为少年很敏感，对一些情绪的反应都是放大的。现在国内还没有分级，让未成年人看就要担心会不会有不好的影响，成年人没问题，他们可以通过电影去回忆。别说青春片，就连恐怖片也不能拍，我们不能提鬼，不能拍一些灵异的东西。灾难片也不能拍，美国片中白宫被炸了也没问题，电影是个梦啊，但在国内就不可以。为什么武打片盛行？是因为拍一群人噼里啪啦在打，如果有刀子插到身体里，流血的镜头，剪掉就好了，其他地方还是很热闹的，很娱乐的。

南都娱乐：你的电影经常塑造父亲的形象，为什么？是有自己的经历在里面吗？

王小帅：我是不了解80后的，更别说90后，但我觉得人本身的生长过程是差不多的，都是从一个胚胎开始长大，到了青春期就叛逆，尤其是男孩子，首先是对父亲偶像的打破，很多人都这样，在自己十四五岁的时候，都瞧不起自己的爹。我拍的电影里没有一部是与自己经历太贴近的，可能《青红》中的父亲与我父亲有一些相像，因为他也是从上海带着家庭来到了贵阳。

在商业时代不合群
“我所能做的就是在肯德基门口，臭不要脸地吆喝，希望观众吃这碗面”

之前在上海国际电影节某个论坛上，王小帅像一个愤青一样发言，说宁浩、陆川等人作为导演是失败的，让主持人张国立都觉得尴尬，不得不出来打圆场。很现实的情况是，王小帅能够公映的电影都在票房上无甚收获，尽管他说自己的片子从来没有赔过钱，而且赚了不少。王小帅在商业时代的不合群，其实是一拨拍电影的人的典型代表，重点在于他们将如何调整自己的心态，要么适应，要么干脆不跟市场玩了。

南都娱乐：你曾经说过宁浩、陆川作为导演是失败的，引起很大的争议，有人说有“吃不到葡萄说葡萄酸”的心理，现在看，会觉得太冲动了吗？

王小帅：事物都有两面性，这是看问题的角度不同。在这个商业化的阶段，导演进入后，要做什么样的导演是基本概念，如果追求商业价值的话，导演本身的创作特质会相对退化或者被约束，因为你只是转动机器的一个环节，仅仅起到主推的作用，而你就是为商业、票房打工。而导演另外一个特质，就是艺术创作，承载文化的表达，离工业越远，表达得越多。我说的失败，是说他们作为导演表达自己的东西太少。

南都娱乐：你不怕这样说会得罪同行吗？

王小帅：我不觉得有得罪谁，这是一个大家可以参与讨论的话题。现在受众对电影的概念是被误导的，当然当时所说的成功失败很难在短期内说清楚。有些导演说我票房好了，是成功的，这种说法也不太恰当，很多电影经典不能以票房论成败，很多流传下来的电影经典，当时也没有什么票房，但我们这些导演是受益的。但大家都在比谁挣钱多，比谁车好，比谁房子大，都忘了电影本身承载的文化责任，这样的想法也是愚蠢的。你不能否认电影除票房之外的功能，比如说《阿凡达》票房那么高，国内导演达不到，你是不是也要说自己失败了，是不是也有酸葡萄心理？那我拿了那么多奖，是不是也得有人有酸葡萄心理？有的人的心里也是羡慕的。很多导演的心里都曾涌动过艺术创作的冲动，但现在却被简单地以票房来衡量。

南都娱乐：你好像说过，自己的片子在国外没有亏过，也赚了不少。

王小帅：我赚钱是不说的，《十七岁的单车》、《青红》在国外是挣很多钱的，《十七岁的单车》在意大利发行，我在意大利的餐馆，一个厨子从后面跑出来，要跟我合影，说很喜欢我的电影，因为《十七岁的单车》很像他们的《偷自行车的人》。王小帅的名字在意大利很出名，只不过用英文拼起来，不是很好念。

南都娱乐：不了解的人，会觉得拍艺术片的人很穷。

王小帅：经济的规律就是计算投入和产出，是要看回报率。如果吹牛要上税的话，就不会有那么多人吹牛了。

南都娱乐：你自己会渴望票房的巨大成功吗？

王小帅：说实话，除非是进入美国主流产业的局面。美国是经济崇拜最厉害的国家，导演在好莱坞是一个赚钱的机器，好莱坞是一个标杆，如果你能进去，那就说明你能挣钱。比如昆汀·塔伦迪诺在拍《低俗小说》时，也是拍独立电影，但是当他进入好莱坞体制内后，行业规律就会让他成为一个百万富翁。

南都娱乐：*之前的《左右》上映日期一改再改，上映后质疑也多，当时是不是很大压力？*

王小帅：我们现在电影上映的情况是，明知山有虎，偏向虎山行，就知道要面临的是一个大油锅。现在的情况是，大片、烂片一锅烩。稍微严肃点的片子，就是身陷火海。艺术片上映的状况就像在肯德基点炸酱面，都很拧巴。很多观众进肯德基是吃汉堡的，我们只能拼命说，这里有一碗面，很好吃，你试试吧。

南都娱乐：*现在拍片子会不会有意识地调整去适应市场？比如新片《日照重庆》里用了范冰冰。*

王小帅：我觉得大明星是有宣传点，但不等同于卖点。某一个明星的票房号召力还不稳定，还在试探中。内地大明星的影响力还真不如港台的。我承认有宣传点，至少是在发布会上。

南都娱乐：*你曾说过《日照重庆》是严肃题材里的大片，我们应该怎么理解？*

王小帅：《英雄》出来的时候就告诉观众花了多少钱，现在中国人对钱的概念产生了变化，一个LV包花十几万元，在以前是不能想象的，但现在就很不一样，中国人形成了对消费变态的崇拜。在这个心态下，观众和媒体对一部电影花了多少钱是很敏感的，所以很多大片都会告诉你我们花了多少钱，投资多少，观众的心态是，我们那么穷，你却花了那么多，我倒要看看是什么样的片子，只有钱多才是让观众掉下巴的卖点。《日照重庆》是拍严肃题材中花钱最多的，一般这个题材是不置景的，我们要在重庆解放碑封路，要在江边建房子搭景，你以后看电影，看到画面出现的每一个人都是我们安排的，都不是偷偷拍到的。现在古装片都是在影视城里拍，请一个军队换上衣服拍场面，如果搭了一个宫殿，还能给其他片子用，所以他们现在说自己花钱，但又说不出来花在哪里，只能说我们花钱花在衣服上，甚至是头饰上。陈凯歌拍一个大片，就建个宫殿，以后还能用，收租金嘛。而我们这个现实主义题材的电影里，需要很多群众演员，每一个是设置好的，就目前来看，投入是很大的。

【记者手记】

采访中，我印象最深刻的倒不是王导演评论目前国内的电影环境，而是一句“我赚了钱是不说的，从不吹牛”。那吹牛的又是哪些人呢？不相干地联想一下，不少贺岁片都叫嚣过自己的票房期待，但结果大多却叫人无语，就性价比而言，还真不如王小帅、贾樟柯拍拍短片，不那么折腾，还能维持一个艺术片导演的体面，真不错。

（采写／艾辉）

印象：可以让青春静止的人

文／杨闳

如果没有 2004 年的所谓浮到地上之后的作品，王小帅应该还是一名值得期待的导演，不管你关注不关注他，至少他还有自己的风格、自己的量级。但如今，“王小帅”三个字已经流于让人无动于衷的境地。这，甚至不是他的错，而是一个关于电影环境与体制的老生常谈。

王小帅的青春期限有多长没人知道，但他作品中弥漫的颓废浪漫之气却可以久久不散。即便意味着他要妥协和转型的《青红》，也有一种令人窒息的荒诞青春之美。作为一名导演，在中国大概还需要你成为一个与时俱进的人，也就是说艺术家某种意义上的不合时宜、特立独行等诸多特点，在中国导演身上是不可以存在的。倘若一个人偏执于此，那么他的命运便会成为“地下导演”。

“地下”曾经意味着艺术上的独立、人格上的完整，但不能忽视的现实是它也包含了一种难为人知、无法出头见天日的意思，作为一名为公众服务的艺术家，其作品不能有效地在公众场合展示，这也是另外一种意义上的阉割。王小帅那一代的年轻导演在尝试过不得已的“地下”状态之后，他们当然有觉醒、翻身、站立、冲到地上的念头，于是，你看到一代才华横溢、有望伟大的人沦落成中国特有的商品经济微控和政治制度宏控下的“失败的人”。张元除了标本什么都不是，路学长不见踪影，娄烨起舞弄清影自己亦迷乱其中，贾樟柯最爱的是拍软文式剧情长片，王小帅的《左右》、《日照重庆》成了语焉不详的样板工程……

如果说《冬春的日子》和《极度寒冷》这样的极简作品，是王小帅的一种艺术审美上的初步体现的话，那么《十七岁的单车》和《二弟》则可以称作他的价值观、审美和艺术水准的完美体现。后两部作品也令王小帅成为真正意义上的导演，所谓真正意义无非是对自己的作品有了自我意识上的控制和布局。《二弟》成功地将人生的不可掌握和生命本质上的百无聊赖展现了出来，为生计偷渡出国的二弟，他真的要出国吗？不见得，出国在他那里也许只是打发日子的一种方式，生活断然没有什么必须要他完成的，那么偷渡、打工、私生子、遣送，只是他日子里的一个个象征着自己曾存在过的痕迹。

黄真真

香港演艺学院戏剧系毕业生，艺名黄乐桐，曾任香港商业电台DJ。1993年赴美国纽约大学电影系深造，1997年监制、自编自演剧情片《留下买路情》。代表作包括《女人那话儿》《女人那话儿2：男人这东西》《六楼后座》等，被誉为香港新一代女性导演代表。

★香港前卫女导演

黄真真：女人心中想的东西，很多男的有兴趣听

提到黄真真，大胆、出位、女权、年轻都是她的代名词，她以敏锐的视角，关注现代人的喜与悲，最初以两性话题为切入点，12年前一部《女人那话儿》，令她一度被奉为女权主义的代表，也使她成为如今最活跃的香港新生代导演之一。无论是在电影中表达男人抑或女人的心情故事，敏感和锐利的女性视角始终是她的利器，此后她陆续拍摄出青春等题材的电影，话题性不断，但核心始终是在当下的现世，如同她率性的人生态度，感知当下、活在当下才是最坦然的生存之道。

踏入电影圈

“拍什么电影都没有对与错”

因为觉得自己做演员没前途，黄真真想趁着年轻练就真功夫，她发现了自己喜欢的电影，就一鼓作气前往纽约学习。在纽约经历了人生的种种挫败后，她终于拍摄了自己的第一部作品《留下买路情》。这虽然只是一部生涩的小制作，但却燃起了她创作的火

花，激发她在返港后创作出后来令她一举成名的《女人那话儿》。

南都娱乐：最开始怎么会想到去纽约学电影？

黄真真：其实我一开始，是读演技的，在香港演艺学院学过演戏，学完之后就觉得自己个子太小，如果毕业了去演戏的话可能有限制。当时很小，就十几岁，就想还有时间，或者试试其他看有什么喜欢的。那时其实电台、香港话剧团，还有TVB电视台都叫我签约，我就选了去电台，做DJ，是因为觉得自己可以学多一点，当DJ的时候就很喜欢看电影，然后就决定去New York去学电影，就是这样。

南都娱乐：在那边有学到一些什么？那段学习经历对你有些什么影响吗？

黄真真：我在纽约学习，我班里面的同学都是从不同地方来的，有的是欧洲，有的是日本，有的是非洲，就好像一个小小的联合国。然后我们拍出来的东西完全不同，好像我们开始学短片的时候，其实不同文化拍出来的电影是很不一样的，这和你的成长经历有很大关系，那我觉得其实也启发很大，拍什么电影都没有对与错，这都是你的看法。所以我觉得人生的经历很重要，因为如果你经历多一点，可能你的电影就比较丰富一点。

南都娱乐：据说刚毕业的时候希望留在纽约？

黄真真：对啊，我在纽约待了七八年，毕业了以后希望在那里拍电影，我就打电话去电影公司，结果没人见我也没人理我。而我写的剧本，寄到电影公司又给退了回来，开都没有被开封过，因为在外国他们很严格，如果你没有经纪人，他们就不看你的，那意味着我完全都没有机会。后来我就想到了一个方法，明星Robert De Niro（奥斯卡影帝罗伯特·德尼罗）的公司就在我家附近，他的公司是一个大厦，外人是不可以进去的，那我就想我可以等他，我在他的公司外面等他，我想等到他后我就会给他一个剧本，他喜欢就可以投资来拍了吧，他可以当主角。于是我就去他的这个大厦对面等了五天，从天亮等到晚上，那五天没有见他进出。到第五天保安就过来了，他以为我是那种疯狂的影迷。他过来就跟我说，我几天都见到你了，你究竟想做什么？我说我其实是想把这个剧本给罗伯特·德尼罗，他说德尼罗有个秘密的通道，所以不会在这里出现，然后我就很失望，但他说他可以帮我传剧本，当然我给了他以后也没有回音。

南都娱乐：*你有一段时间在纽约开公司，当时经营的状况如何？*

黄真真：我毕业之后不是找公司拍电影了吗？当时我就跟我以前的那个男朋友成立了这个公司，是拍新闻的，我帮ABC、CNN等等拍，我帮他们拍文献片，每天帮他们拍国际新闻，就是赚钱咯，就是想赚了钱就可以拍电影嘛，当时就不够钱拍。

南都娱乐：*有没有去想别的办法？*

黄真真：在美国，我找不到老板给我投钱拍。我的朋友就跟我说，股票现在好啊，你投了，你的钱很快就可以三倍地来，那你们就可以拍了。我就试试，就拿自己的钱去炒股票，结果，我炒股票炒了三个月差不多破产了。所以那个时候我就很伤心了，因为想不明白拍电影为什么那么难。那几天我就在家里哭，觉得自己好蠢。我找到最后一张信用卡，当时还有五六万美金，我就跟自己说那把它用完吧，就用这五万美金，把这小小的独立电影拍出来吧，拍完了就回香港。

南都娱乐：*是1997年拍的那部《留下买路情》吗？*

黄真真：对。《留下买路情》其实是很长的故事，但是没钱嘛，所以就把其中1/3最便宜的那一部分拍成一个长的故事，就是一男一女，老公老婆，那个男的是个发明家。他们呢，有一个梦想，就是发明电单车的那个离合器。但他搞来搞去都不成功，然后就得了精神分裂症，对，最后他疯了，那老婆根本已经受不了了，就走了。一开场他就把老婆绑架回来，他就觉得自己一定可以成功的，要这个老婆支持他，所以这是一个悲情的爱情。

南都娱乐：听起来和《女人那话儿》是完全不同的题材。

黄真真：其实《女人那话儿》是这样，那时我去美国已经大概七八年了，很多朋友都是外国人。我的外国朋友都常常以为，中国的女性现在还是要站在男人后面，很保守那种。我就说哎呀，已经不是那个年代了。后来等我读完书回来，和我香港的女朋友出来喝酒聊天，我们就谈男人啊，工作啊，什么都谈，如果谈男人或者关于性的问题就很低声地谈，但是笑得很大声，因为我们的台子在一个男洗手间旁边，很多男的就过来，貌似想去洗手间，其实是想听我们说什么。那我就觉得，女人心中想的东西，可能很多男的很有兴趣听，所以我就想，不如我拍一个这个主题的纪录片，当时我是想拍给外国人看的，因为他们不明白嘛，所以就拍了这个。

南都娱乐：当时是不是一穷二白？资金上是怎么解决的？

黄真真：刚开始我也没有投资，就是我写了一个剧本去申请那种政府的基金。我有一天突然接到一个电话，他说："请问你是黄真真吗？我是黄百鸣。"我吓了一跳，因为我不认识他嘛，我就想是不是开心鬼（笑）打电话给我。结果他说这剧本的基金没申请下来，但看了我的剧本，觉得蛮好的，我们见见面吧。后来我们见面谈了几次就拍了这部片，于是就开始我拍电影的征途了。

南都娱乐：好多人都觉得你一帆风顺，第二部电影就红了。

黄真真：后来是慢慢就比较顺利，很多人就觉得啊，黄真真你的路很顺利，我就说其实我也不是顺利，我觉得不会有一个人的路很顺利，每一个人都经历过不同的奋斗期。我想我在美国的那段时间学到的就是那种不要放弃、要坚持的信念，所以现在在香港我拍戏没有什么觉得是做不来的，也不太怕失败。因为差不多要破产了，什么都没有了，还可以站起来，所以，好像现在比较有信心。

南都娱乐：但你后来拍的《男人这东西》，似乎反响不如《女人那话儿》。

黄真真：对，因为拍《男人这东西》只拍了一半，拍完了但没有开始剪，那时黄百鸣跟我说，我们停一停吧，因为他是投资人，《女人那话儿》对他来讲没有赚钱，他觉得要停一停，不要那么急去搞男人这个，当时我也觉得拍女人会好玩很多，拍男人就不同。那我也没所谓了，就停一停，但是后来因为《女人那话儿》出来了很火，黄百鸣就没问我意见，直接拿我拍的《男人这东西》交给另外一个人去剪，剪完了就出DVD。我也无所谓，但是有一点是不同的，《男人这东西》现在出来比较像电视剧。

女性导演身份

“我好像比较open，但我其实是过了20岁才……”

在男性王国的导演界，作为极少见的女性导演，黄真真一直备受媒体宠爱，而且更由于她拍摄的电影题材火辣，她变成了女性、女权主义的代名词。但黄真真坚决否定自己是女权主义者，当然也不会喜欢大男子主义的大行其道，她只是比一般人更好奇，更有观察力，用女性独特的视角，以银幕为窗口，阐述现世的悲与喜。

南都娱乐：很多人看了《女人那话儿》，觉得你是一个特别有女性意识、很open很前卫的女性，你怎么看自己？

黄真真：我觉得在很多人心中我可能好像比较open（笑），但其实我没有。我不介意谈爱情啊，性啊，或者是因为我去了外国一段时间，所以很多东西我觉得也无所谓，实际上我跟平常人没有什么分别，其实我觉得我不是处女的年龄太老了，哈哈。你知道吗，我过了20岁才……所以很多时候观众不明白一点，有时候人是表里不一的，我不是说我很保守，但有时你看见一个男生，哇，很帅啊，其实他不一定就是花花公子，而好像不是很突出的某个男孩子或中年男子，可能他也很……所以不可以以貌取人。

南都娱乐：好像后来就有很多两性的节目来找你，把你奉为两性专家。

黄真真：对啊，好像那些访问节目，要谈性的问题，就找我谈，但有段时间我没有去了，我觉得太闷了，常常问这些问题烦死人了。我觉得《女人那话儿》里面其实不是只有性这一个题材，有很多嘛，我们女人心里有很多东西，很复杂，电影不是只是讲性那么简单。

南都娱乐：最近看了《分手说爱你》，为什么又突然想到拍这个题材，很青春的故事？

黄真真：因为那时我回来了都10年了嘛，我已经拍过很多比较主流的戏，我就想，好像很久没有拍一些独立的作品了。那时就想到一个点，每一个人都把自己的爱情看得很重，我生日啊，女朋友今天做了什么啊，等等，我觉得当年很流行，那我就想拍这个，我跟我的拍档写出这个剧本时，也有找过投资人，很多人看完我的剧本之后说我不知道你在写什么，他不明白。那后来我就想申请香港政府基金，又找好朋友去投资，最终就拍出来了。这种戏给人的感觉很不同，就是真的好像是在讲自己年轻时候的故事。

南都娱乐：你一直关注女性内心世界，但随着年龄增长，这几

年你是不是又有一些新的观点和感悟，在作品中不断体现出来？

黄真真：对，好像《完美嫁衣》，就是讲杨千嬅。她是个中女，还是女强人，而她男友林峰，比她小，地位没有她那么高，但是最后成不成功，她接不接受，考验的就是女性的心理了。我的观点比较简单，我就觉得其实女的比男的大也无所谓，像麦当娜，与男友相差20多岁呢，但是我觉得有爱情就可以了，能开心我觉得就已经很特别，因为我们越来越大的时候，要fall in love（谈恋爱）是越来越难的。因为我觉得女性比起同龄的男性，是容易成熟一点的。

南都娱乐：现在在电影圈女性导演还是很少的，在一个以男性为主的圈子里工作，会有什么困难？

黄真真：年轻女导演比较少，但我想应该会越来越多吧，其实大多数女导演没有什么太大的问题，就是旁边全都是男的，然后当女导演有一点很重要，就是不要理人家怎么看你。还有就是，有一些女孩子可能觉得到某一个年纪应该结婚啊，生孩子，所以就可能没有想到要去发展电影了，因为电影要很多时间嘛。我每天一睡醒就是搞电影，来这里了，回去宣传了，全部时间都给了电影，那如果想结婚生孩子可能不太容易，除非你的伴侣很理解，我觉得。

小成本电影
“剧本意味着我的风格”

在商业气氛无所不在的香港，想要突围实属不易，没有足够的资金实力，小成本电影成为一些年轻导演的首选。在成名之后，黄真真拍片仍主要以拍小成本电影为主，但也绝非排斥商业的模式，她既会用默默无闻的演员，也爱起用大明星，一切没有定式，只要故事能打动她的心，更重要的是，这个故事，一定要由她自己来撰写。

南都娱乐：在《女人那话儿》这些两性题材电影之后，你好像开始拍一些青春题材，像《六楼后座》，是兴趣的转向吗？

黄真真：其实我什么题材都喜欢，我喜欢年轻啊，我喜欢女人啊，所以其实我对很多题材都有兴趣。但是有时候拍戏好像拍拖一样，就是讲缘分，有时候好像这一年很多老板找我拍年轻人，比如2003 年，都找我拍年轻人，那我有兴趣就拍了，后来男人的故事《六壮士》我也拍，我也喜欢，无所谓，最重要的是我想要的剧本是由我自己创作的，然后是自己要喜欢。

南都娱乐：一定要自己创作？

黄真真：对，因为剧本意味着我的风格，这样我才会喜欢，我才可以投入。你说如果有一个人他已经写了一个剧本给我，叫我去拍，那可能我的兴趣就没有那么大。

南都娱乐：那你觉得自己是什么风格呢？

黄真真：我比较喜欢自然一点、真实一点的，像伪纪录片这样。《分手说爱你》好像一般是旧片才用这种拍戏的手法，但是《完美嫁衣》不是，所以每一部片也不同，但是我希望表达、反映每个人真实的内心世界，我想这个是我喜欢的。我也不知道我是怎么样的风格，我觉得拍好笑、感动的电影就是很棒的事情。

南都娱乐：那在 2007 年《女人本色》之后一段时间，你似乎比较沉寂，没看到你有新作品问世。

黄真真：其实我没有休息，我很忙啊，就是没拍出来，很多时间在搞剧本。我已经签了约，导演费也给我一半了，很多要拍的后来都拍不成，有很多原因，有些东西是金融危机导致的。另外呢就是演员啊，演员签了，又不拍了，又找不到另外的演员，那两年不是我没有戏拍，其实是我很忙也赚到钱了。

南都娱乐：你拍的这些电影中哪些算是商业电影？比如《六壮士》、《六楼后座》，和独立制作的有什么区别？

黄真真：《六壮士》不算商业吧，刚出来好像他们不算，后来成功了又算了，说商业电影是因为它赚钱，那《分手说爱你》刚出来，他们说是艺术片啊，那现在也不知道算什么了，因为现在是赚钱嘛，他们可能会说是商业，我也不知道呢。所以很难区分商业不商业的概念。

南都娱乐：独立电影出身的很多导演，他们发展到一定时期可能会觉得拍独立电影不太能赚钱，市场也是有限的。你有没有去考虑参与大制作的电影？

黄真真：我拍电影不是说自己多么高尚，但是如果我想赚很多钱，我觉得我不会去拍电影，会去做其他生意。我希望最理想的就是我有时间就拍一些另类的，小小的那种，自己过过瘾，或者是比较突破一点的，给自己那种感觉。另外有时候我也想拍一些所谓商业的，因为我觉得如果一个导演不停地去拍艺术艺术艺术，慢慢地慢慢地就会钻到一个牛角尖里，和生活脱节了。但如果太商业，也是不踏实的，所以这都是假的。

南都娱乐：我关注到你一直在拍香港的故事香港的电影，有没有考虑将眼光放到内地？

黄真真：有。《分手说爱你》里有一个艺术家，就是那个日本人，其实我想找内地的，但是我从哪里去找？如果我通过电影公司，他们就会给我他们手上那些好像很帅，但是没有味道，或味道不够的那种帅哥。我觉得我可以拍内地题材的作品，不过我要花多一些时间在内地，我不可以常常在香港，所以考虑要移居到北京。

南都娱乐：现在每部电影都会赚钱吗，有亏钱的吗？

黄真真：好像没有很亏钱，很多都很赚钱，但不是每部都赚很多，都OK，因为我拍的电影成本都不是很高，每部大概800多万港币到1000多万港币，都不算高成本。

【记者手记】

在金鸡百花电影节上，很偶然地遇见黄真真，打扮入时的她，看起来似乎依旧如当年拍《女人那话儿》般意气风发，未见岁月的痕迹，且依旧率性如初。采访结束时，她和我探讨起星座的话题，天秤座的她自言很感性，“因为我很感性，但是我的工作不可以太感性，所以常常就是感性理性在斗争”。而正是这份女性的感性与敏锐，辅之韧性，造就了她那些触动我们心绪的电影。

（采写／艾辉）

印象：只有不计面容的人才会直指人心

文／王洞洞

黄真真放在娱乐圈或者华人影坛，都可以说是资历不深，但她却有几部已经毫无疑问可以写入电影史和一代青年心灵史的作品——这，已经足够了。

黄真真有一张让人记不住的脸，平凡，寡淡，刚好相反的是，她的作品却让人过目不忘，甚至留驻在心底，让人回味良久。

1997年独立导演《留下买路情》，让黄真真成为一个职业女性，她的职业是拍电影。那时的黄真真与其说是才华横溢，不如说是她的韧性和勇敢令其有了走上电影之路的前提条件。我以为，三年之后拍出《女人那话儿》对于黄真真来说是一种必然，她只是在寻找一个可以直接打动甚至刺痛你的内容和方式，她不缺少对事物的敏锐和对时代痕迹的捕捉能力。这些在令其名声大振的《女人那话儿》、《男人这东西》里都可以看出来。敏感，并一针见血直截了当地将时代一斑掀起来给你看，这是黄真真之前的华人导演缺乏的一种本事，也许这种本事放在黄真真那里仅仅是一种本能。

两性态度在千百年来的人类史上不断演绎，其中变与不变的东西正好可以形成某种相辅相成的条件，大胆的意思就是被动，隐私有时也是为了暴露的快感。当然，艺术成就跟呈现的方式有关，黄真真不但够敏锐，而且更足够智慧，用形神兼备的形式完美地诠释了她所发现的“秘密”。这是“女人男人”系列在艺术上和世俗上成功的最好解释。

但善于发现并通晓呈现的秘诀，并非意味着这个艺术家要就此吃上一辈子。不管此后的《六楼后座》多么卖座并为黄真真带来多少更广泛的认同，这位曾经特立独行的女导演最终还是走上了一条自囿之路。这里面有一种市场的期许加上自我的暗示，跟片中所动用的残酷惩罚类似的是，黄真真在前两部成功作品之后也给自己强加上了一具残酷的枷锁。

枷锁之下，要么打开它挣脱它就此获取自由，要么碍于能力和勇气继续在枷锁的统治下身不由己。当黄真真名下一下子多了《分手说爱你》、《完美嫁衣》等电影名时，还真让人疑惑——这真是那位曾拍出《女人那话儿》的导演吗？跟同年龄段的香港导演彭浩翔比起来，黄真真明显失去了最真实自我的那个原动力，这既是香港巨大商业链条上的一个损失，也是这代影人难以抗拒的一个现实。

第四辑

港片印记

梁家辉

香港银幕代表人物，早年与刘德华一同在TVB跑龙套，转型后拍的第一部电影便获得金像奖最佳男主角奖，后来却因无戏可拍走到街上当小贩，“人生的大起大落”用在梁家辉身上可谓生动贴切。

★华人百变影帝

梁家辉：我和刘德华有今天，都是那一次被骂出来的

电影作品至今已超过百部的梁家辉自然是这个工业大军里的中坚分子，他既是怀旧长片里的翩翩佳公子，又是西贡码头的东方情人，还是江湖里的黑帮大佬……将他散落的记忆串联起来，触摸到的绝不仅是他个人年少时的青涩，功成名就时的意气，低谷时期的落寞，他所代表的，或许是那一代人成长记忆中共通的东西，个人的努力与时代的彼此呼应。

在香港电影工业最繁荣的年代，造就了很多天皇巨星的传奇，梁家辉的经历绝对位列其中，他一夜成名又即刻跌落谷底，继而世界闻名。这些戏外的历练大大丰富了他的故事，也正因为这些，他才能从跌宕起伏中成就笑看今日云淡风轻的心态。虽然对他来说，走进电影圈不过是青春迷惘期的一种偶然体验，但正是这冥冥中的指引令他修成如今的“正果”。

一次“奋斗”

“用心创作一个角色被否决了，我跟华仔两个人差点哭啦”

南都娱乐：先印证一个段子啊，据说你当年被TVB炒鱿鱼是因为你跟刘德华跑龙套抢了周润发的风头？

梁家辉：不可能的。但挨骂是真的。我只上了半年的艺员训练班，后来是我自己退学的，因为那时候学的都是些电视台的东西，感觉没什么前途，那时就像迷途羔羊，打算各种东西都尝试一下。

南都娱乐：那么挨骂的真实版本是如何的？

梁家辉：坦白说，我们两个有现在这样的成就，都是那天骂出来的，肯定是！因为那次是真的很失望，我们花了一个晚上，看完整个剧本。要知道那时候的电视剧剧本还不是“飞纸仔”，很严谨，我特意请他到我家，我妈妈煮饭给我们俩吃，吃完了以后我们就了解剧情，了解我们的角色情况。但其实我们在那集电视里一句对白都没有的，就是跟在发哥后面而已。我们当时就想，发哥是那么当红的明星，我们不可以让他丢脸啊，演马仔的话也要演得像能保护他那种。结果创作半天以后，导演一句话下来就是，你们俩干吗？让我们重新来过。我跟华仔两个人差点哭啦，真的很用心创作一个角色，一句话就被否决了，就好像自己没做对一样。以为自己想得很对，结果做出来是人家不愿意看到的。

南都娱乐：你俩会相互鼓励说“终有一天我们会成功”那种话吗？

梁家辉：没有，那时候大家都很单纯，没想过说有一天会变天皇巨星，就是每天很投入地跑去片场练习，但其实就是做临时演员，可劲头很足。

南都娱乐：你们俩会比帅吗？

梁家辉：哈哈，我从来没觉得自己是走帅哥路线的，他那时候就有baby fat（婴儿肥），我就是瘦瘦的。大家就想要怎么努力创作角色。

一战成名

“那时我不知道刘晓庆有多红”

从TVB出来，梁家辉做过兼职模特，还因为大学是念设计的跑去做了杂志编辑，一只脚似乎已经就此离开灯红酒绿的娱乐圈，结果阴差阳错中又被大导演李翰祥拉了回来，拍了第一部电影《火烧圆明园》，很快地便迈向了人生第一个巅峰。

南都娱乐：这儿还有个段子，说你当初之所以答应李翰祥拍电影，是为了追求他女儿？

梁家辉：对，他遇上我真的是因为我在追求他女儿（李殿朗）。但我当时也不知道那是他女儿，只知道她是一个漂亮的女孩。有一天到他家吃饭，他就先问我，Tony你要不要跟我一起去拍电影啊？我问他：拍电影？在哪里拍？他说回内地拍。我又问：得拍多久？他说应该是一年多一点吧，拍老戏。哇，我当下反应就是好过瘾啊，但去内地哪里呢？不要去广州啊。他又应我是去北京！天啦，京城，我从来没去过！

南都娱乐：于是就答应了？一点犹豫都没有？

梁家辉：对啊，那时候我在搞一个杂志，但也就是个兴趣，并不是要创业什么的。你想想，二十几年前，我一个初出茅庐的年轻人，哪里都没去过，香港来的“老乡”，能去北京看看外面的世界，而且还是一年多的旅程，太新鲜了。而且那时我都不知道他要找我当演员，我以为他要找我当他的副导，因为他女儿的关系嘛，他愿意把我带在身边，他也需要一个助手之类，才给我这个机会。

南都娱乐： 那时候北京什么样？

梁家辉： 我在北京住了一年多，先去作准备，包括服装道具。虽然是住西苑饭店，但那时候内地刚改革开放，还是吃大锅饭的年代，去街上吃饺子还要带肉票，我还懂得去市场买黑市的鱼。我还住过团结湖，就是8路公车总站附近。我还曾从团结湖那边骑自行车沿着长安街到西苑，那感觉很酷的，因为路上只有我一辆自行车，早上都是驴车拉着大白菜进城的。

南都娱乐： 你当时对拍电影有概念吗？

梁家辉： 没有，这样进入到电影工作里，真是很懵懂的，但我有胆量，从来没想过失败了会怎样，耽误人家工作会怎样，就是很自私地觉得可以旅行一年多，每天都可以去看拍戏，多好玩。

南都娱乐： 那你知道跟你合作的刘晓庆是很红的演员吗？

梁家辉： 从来没有，我不知道她很红，也不知道她演得有多好，当然也没有觉得自己演得不好就会怎样。第一，我那时候一句普通话都不会说，她说什么我其实一句都不清楚，更别谈交流了。第二，直到我确定了自己是要来当演员的，才看了剧本，大概知道她在演什么。只知道她是很用心的演员，因为每一天在现场把剧本翻开，我的是空白的印刷剧本，她的是写满字做满功课的，这里该走几步，那里该有个什么都写得很细。但那时候我连这些都不知道，只觉得，我的天，她怎么写那么多东西，密密麻麻的。

一夜黑暗
“没戏拍，心情反而放松了”

很多拿过最佳男主角奖的演员都喜欢拿梁家辉的例子来调侃，说自己拿奖了也不会加价，也不会变得失业去做小贩。然而梁家辉重述当年事，却不像外界看来那般凄凉落魄。反而因为有了这个缓冲，他才慢慢开始进入真正的电影世界。

南都娱乐：“一夜成名”的感受如何？

梁家辉：嗯，说来有点意思。在北京时李翰祥导演把我介绍给剧组的人，说这是香港来的Tony，结果大家就都叫我东尼，等我回香港拿了金像奖，说这个演员叫梁家辉，他们才知道我的真名。而跑回香港后，因为我在北京住的这一年多学了满口普通话，人家都说李翰祥捧出来的这个梁家辉是内地演员。

南都娱乐：拿奖会有人生达到顶峰的感觉吗？

梁家辉：就是觉得人生瞬间就变成另外一回事，这种感觉很明显，但并不是轻飘飘，名成利就那个意思。一来有提名已经很紧张，结果最佳新人拿不到，竟然拿了最佳男主角，当时头脑一片空白。虽然那是我第一次上台，但已经开始患得患失了，在想接下来该怎么办，不知道未来的方向在哪里。下了台就更紧张，完了，我刚才感谢词没有说到谁谁谁，就好像觉得那时应该是我这辈子唯一一次的上台机会了。加片酬？哪里可能想到那方面去啊。（笑）

南都娱乐：应该没想到自己会从此没戏拍吧？

梁家辉：对。这之后我很久都没有找到方向，坦白讲，我当初对电影没有那么热爱，单纯认为这只是一份工作，我打工而已。直到拍完三四部电影后，才觉得不能再用以前的工作方式去面对这个事情了，这才慢慢开始进入所谓的电影世界，拍完回家会想想刚才的电影镜头是怎么回事。可拿完奖后我就进入了所谓的“黑暗期”，因为我来内地工作，所以被台湾封杀，台湾不要我的电影，就没戏拍了。

南都娱乐：是不是很难过？

梁家辉：不是，心情反而很放松，所有的顾虑都没了。因为第一部电影就拿奖，这成为我的负担，做什么事情都会想到这个，用影帝的身份来判断，自己对自己还可以想办法解脱，但别人对你的看法却没有办法控制。结果一下子没戏拍，这些负担都没了。

南都娱乐：现在回过头来怎么看当初这一段经历？没写那个所谓“悔过书”算是有先见之明？

梁家辉：实际上我们经历的那些阶段都很奇怪，都是起起伏伏的，像我拍了一部电影就拿了一个奖，在别人眼里是高高在上，可自己知道自己，台湾不能去了。后来在香港拍了几年片子，等到《情人》出来，一下子又成了所谓世界性演员，说是碰见我所谓最好的时期，但又遇到香港黑社会控制电影界的问题……时间过得太快，很多事情都是来不及仔细考量，也没机会让我回头，二十几年就是这么过来了。我现在只能想什么时候可以退休（笑）。

一脱倾天下

“那时所有电影公司都是黑社会，你必须要拍”

在香港电影最好的时光里，梁家辉凭借《情人》里东方男人的形象红极一时，片约纷至沓来，完全摆脱了旧日无戏可拍的窘境。通过一部部电影的反复磨炼，他从一个明星偶像变成了今日的实力巨星。但在他眼里，那却是一段不堪回首的往事，个中的滋味，不足为外人道。

南都娱乐：你当时怎么愿意演《情人》那样意识大胆的电影？

梁家辉：我其实一直就不拒绝用身体去表演这件事，只是没有机会，像在香港接拍了谭家明导演的《雪儿》，那也是全裸的。拍《情人》的时候其实我太太一直跟在身边，因为她不是圈内人，所以我想让她了解戏到底是怎么拍的。

南都娱乐：《情人》过后，你成了所有女人的性幻想对象。

梁家辉：我不知道在其他地方的反响，但是在法国，我走到街上就有那种信心，我肯定是迷死人那种，所有法国女人都会拜倒在我的裤子下面（笑）。他们的宣传语就是“一个背部光滑、没有体毛的东方胴体”，“一个线条优美的东方男子”。事实上我是灯光跟镜头运用得好。

南都娱乐：在香港也很轰动吧？后来你片约就多得吓人？

梁家辉：其实在香港也一般。后来是因为遇到了黑社会入侵娱乐圈，世道好，以前是只有片商投资电影，那时候是谁都进来投资，钱多嘛。最夸张的是，台湾黑帮过来，看到周润发的名字他就会投钱拍了。我那时刚生了小孩，所以就把别的事情都抛开了，你让我演我就接，只要你不骚扰我的家人就行。头三年我几乎没有见过我的女儿，每天抽空回到家里要不是半夜就是凌晨，见到的都是她们睡着的样子，都没有直接接触。

南都娱乐：所以不是为了挣钱？黄秋生说他拍很多烂片就是为了挣钱。

梁家辉：他那时已经过了黑社会那一期，没有“享受到”。

我、周润发，都被那些黑社会威胁过，那时所有电影公司都是黑社会，你必须要拍。有三年，我是一天假期都没有，每天拍，24小时一天跑三组，最厉害的时候一年拍了13部电影，同期拍三到四部。记得郑裕玲吧？她的外号叫“郑九组”。别以为是我们演员自己比拼，好像接戏多就代表红，那是不得不拍。

南都娱乐：有报道说黑社会拿枪指着刘德华的头让他去拍戏？

梁家辉：对啊，那时候香港就是那么可怕的工作环境。我在越南拍《情人》的时候，已经进组了，还没开始拍，先在越南待一个月适应环境，结果到了越南两个礼拜，就有军人找上门，到饭店把我押上飞机去菲律宾拍戏，为什么？黑社会买通了当地的军人。

南都娱乐：你拍那些黑帮片也是因为黑社会的缘故？据说有名的男演员都要拍黑帮片？

梁家辉：一方面是因为黑社会入侵，这种题材的电影多，另一方面也确实是衡量你的江湖地位，你要让他们承认你这个形象像大哥，有带领作用。你要是找一个小瘪三形象的人来演黑帮头目，谁还会加入黑社会？黑社会大哥都像梁家辉这么帅的，才能吸引大家说，哦，我们加入黑社会！

一朝北望

“我的理想是以男演员身份去拿一个影后奖”

在香港影人纷纷前往好莱坞淘金的世界梦阶段，梁家辉并没有随大流闯入好莱坞，此后回归又集体北上，梁家辉的心态依旧平和如初，虽然，他算得上是内地与香港合作的急先锋。《乱痧》《周渔的火车》《太行山下》……梁家辉在内地的电影作品，可谓是他演艺事业上的全新尝试。

南都娱乐：很奇怪，你并没有借着《情人》的东风进军好莱坞。

梁家辉：拍完《情人》，的确有很多本子找我去好莱坞，但那时我就有一种感觉，作为一个中国籍的演员，只在香港薄有名气，去好莱坞干吗呢？我很清楚游戏规则，去那边就要举家搬到那边，最起码待三年，让那边的制片人跟导演认识你，知道有你这样一个中国演员，才会有机会。那时候我就会想，虽然现在看起来有一点点成功，但我是一个中国演员，可从来没有得到中国人民的认可，很多人都不认识我，不会觉得我是一个很厉害的演员，如果有一天我真的要去好莱坞，那必须带着一个中国代表的身份再去。

南都娱乐：你在内地市场拍的电影题材都偏文艺化，是有意为之？

梁家辉：之所以文艺片接得多，还是题材限制的问题，我不可能来内地拍一部《情人》，或者《黑社会》，警匪片也有限制，当然，剧本上的区别也是打动我的原因，在香港不可能有投资方愿意投资《刮痧》这样的片子。

南都娱乐：还有主旋律电影如《太行山下》，找你演这样的戏时你会迟疑吗？

梁家辉：不会，因为我知道自己是专业的电影人，我会尽力。

南都娱乐：从刚入行到《十月围城》，你跟内地演员合作可真不少，他们给你什么感觉？

梁家辉：确实是，虽然这两年合拍片渐渐多了起来，但从阶段性来讲，我应该是时间最久的，从1982年入行时的刘晓庆，后来的潘虹、吕丽萍，你看我都讲女演员。（笑）蒋雯丽，包括这次的李宇春，跨媒体的表演艺术家。其实我觉得，内地演员的理论性有时候会盖过自然性，这是我觉得内地演员跟香港演员最大的区别。

尤其是我，我追求一种实况的、自然的、现场反应的表演。

南都娱乐：演了那么多电影，拿了那么多奖，你现在还能找到新的目标吗？

梁家辉：啊，真的太多了！我没有演过国家领导人，没有演过女人，没有成功地以男演员身份去拿一个影后奖。这些都是我的理想，我在追求的目标。要是有一天能实现，那才是真正摆脱了固有身份，达到前无古人后无来者的境界。

一众朋辈

“李翰祥要我做明星，徐克是我心里的神”

陈可辛召集一众明星齐齐集结在《十月围城》里，依稀让人找到了港片鼎盛时期的感觉，但对梁家辉来讲，还是有些许不同。这些年来，与梁家辉合作过的导演与演员，如徐克、张曼玉、刘德华等无一不与他一样成就惊人，可褪去了明星光环，他们便是一起奋斗过的师长与战友，不管此刻境遇如何，昔日的欢笑与哀愁才真正值得记载。

南都娱乐：《十月围城》把很多明星聚在一起，在片场有没有像回到以前拍香港贺岁片的感觉？

梁家辉：《十月围城》差不多，但还是差一点，虽然演员很多，但并没有把我们都围起来一起打拼三四个月，都是谁有档期谁就过来。以前我们大家习惯团体的生活方式，几乎每天都是跟这帮人相处，见面的时间比家人还多，建立的默契与感情不是一般人能比拟的，不是光演员跟演员之间，整个组都是如此，比如茶水要跑三组，大家就会说，哎呀，都行动快点，早点收工。

南都娱乐：你拍了这么多年戏，遇到哪一类导演多一些？

梁家辉：一紧张就表现出来的导演多。陈可辛工作时虽然紧张，但不会表露出任何情绪，有些人是会骂人的，把紧张情绪发泄在这种状态里。（杜琪峰导演？）他还不算，骂人骂得最凶的是我师傅李翰祥，我远远见到他骂人就会躲起来，他算是脾气最火爆的。他很重视前期功夫，到了现场如果出现问题了他就会骂人，他说拍戏不能在现场解决问题。

南都娱乐：你在现场也被他骂过？

梁家辉：在现场没有，第一，我自己很年轻，对电影没有那份专注，做好自己的就算了，不会考虑剧组整个的情况，所以很轻松，反而没有压力，我是当演员嘛，还是主要演员，除了导演以外没人会骂我的。（笑）第二，我是他挑来的，他得负责任。

南都娱乐：私下里他有骂你？

梁家辉：真实情况是这样的，他们那些从邵氏出来的导演，是不需要演员的，不管你多不会演戏，他都可以把你拍得好像很会演戏一样，那时候邵氏出来的都不是演员，而是电影明星，都是摆pose的。他在找我演戏的时候，也就是让我做什么我就做什么，他去抓我的神韵就好了。但后来，我开始懂了，就去跟他讲我想怎样怎样演，他就说，揣摩什么角色啊，让那些演员去做做就好了，我就问他：那我不就是演员吗？他说：你什么演员，你是明星，我要捧你当明星。可我愿意当演员啊。于是，他就把我骂了一顿，他觉得是我没想通，以为我有这样的想法，觉得拿了影帝就是好演员了，所以他就会比较生气。

南都娱乐：你跟徐克合作也很久，他是什么样的？

梁家辉：哦，他是我心里的神。他也给了我很多机会，虽然他是找我来当演员的，但我跟着他参与了工作室里很多其他的工作，包括副导演、配音，甚至音乐，我还跟黄霑、罗大佑、徐克四个人一起配过《倩女幽魂》的音乐，四台piano在那边，一个晚上搞定。正是因为他给了我很多接触幕后的机会，我才对电影有了一个整体的认知。

南都娱乐：有个有趣的现象：你们这些男人到现在都还在一部部电影不停地拍，但你那些女生好朋友都不怎么拍戏了。

梁家辉：哈哈，因为我们男人片酬低。女生的追求可能不一样，心理负担也不一样，现在有人找我演爸爸，我肯定没什么负担，但现在如果有人找刘嘉玲演妈妈，你看她会不会接？有这种心理障碍，若过不了这一关，就很难在表演上达到一定水准。

南都娱乐：你的那些好朋友都是大美女啊？

梁家辉：有吗？其实我对每个女演员都没什么感觉。我觉得她们漂亮是应该的，演戏演得好是应该的，把自己装扮好都是应该的。

南都娱乐：陈可辛这一次跟以前有什么不同？这算是他进入“亿元俱乐部”以后的第一部作品了。

梁家辉：其实现在他还好吧，因为是老板、监制，可以比较超脱地来看整个画面，不会像陈德森那样紧张，他一直很沉闷，我在现场都可以感受到他那种紧张的情绪，我们演员都是敏感的，坐在旁边的人是在想事情还是在发呆，都能感觉出来。

【记者手记】

在香港影人大规模北望神州的时刻，我们有幸能与他们面对面，坐下来，一起细数他们曾经历的那些繁华盛世。还没采访前，《十月围城》的工作人员就告诉我，梁家辉是他们片场里最受欢迎的明星之一，因为他已经完全放下明星的架子，可以和剧组所有员工打成一片，可以和剧组宣传人员一起喝啤酒，可以和制片同事一起吃午饭，可以和化妆师一起坐下来聊八卦，也可以和场工一起抬饮水机，看到地上有纸巾，他也会弯腰捡起来，更重要的是，他可以记下每一个工作人员的名字。采访完毕我举双手赞同，他的配合程度，他的亲切态度都令人感动，他不仅把往日香港电影的荣光讲给我听，而且更重要的是那些美好的精神传统还延续至今。

（采写／张燕）

印象：柔情与暴戾，没有比他更极致的了

文／邓晓琪

10多年前，家用背投，VCD，被放大的模糊影像里，湄公河畔，华人黄皮肤的惊艳一抹，含蓄动人、寡淡并情意绵绵，他细长的眼睛、颤抖的嘴唇——梁家辉演绎的《情人》一瞬间就成了文艺女青年的世纪之爱。

对他，似乎并不需要多少偏爱，你就能轻易被捕获，他是真正意义上的大众情人。据说20世纪90年代初，《情人》在世界范围内公映后，在各地都有不计其数的女性为梁家辉痴迷，那句既经典又矫情的台词因为他被传诵："他就在那儿，远远地坐在车后，那隐隐约约可见的身影，纹风不动，心如粉碎。"

杜拉斯走红华人世界数十年，如果追根溯源的话，应该要从梁家辉那被誉为东方之魅的性感臀部说起。不能否认，梁家辉靠一个背影让人记住了一部外语片，他那样一张迷人的面孔更令人在那个荒芜的岁月里念念不忘。当然不是第一次，但却是最深刻的一次，华人也有性感的身躯。

梁家辉总给人一种优雅温润的印象，这跟他塑造过太多这样的角色有关，但其实他本人你从访谈中也能看出一二。他难得张扬，即便吹嘘也有点腼腆委婉，这在香港电影给人的印象中，几乎是港人中的绝种类型。你看他在《阮玲玉》中饰演早年的华人导演蔡楚生，那份明明暗暗的痴迷和书生气，仿佛正是从那个年代走过来的

一样。

梁家辉跟大多数香港明星一样，也或多或少地经历过一段插科打诨的岁月，这几乎成了我们回顾香港电影30年里的最亮点。正如梁朝伟，别看他今天眨着迷人的眼睛惜字如金，但别忘了他也有上蹿下跳的喜剧角色时期。梁家辉的女人扮相已经不能用经典来形容，他那里曾生出过张国荣之外的另一种高大的阴柔之美——虽是丑角，但可比今天的伪娘让人心生怜爱多了。

当然，人不可能一生都是高奏凯歌，即便梁家辉，他也有失败的时候。《英雄本色》里他演粗鲁和尚，在英雄好汉与豪迈仗义之间，他变成了尴尬的木桩。如果不是《黑社会》、《黑金》等片里的乖张暴戾，你大概还真会认为他是一成不变的温文尔雅，但香港的环境不允许，他本人也并非单调戏路，所以恶搞、幽默、凶残、衣冠楚楚、糜烂多情都是情理之中的命数。

与《情人》中的惊艳相比，《黑金》《江湖告急》《黑社会》中的乖张暴戾简直可以称得上是梁家辉的肆意胡来，他将黑帮老大的外在暴力和内心邪恶以及不安淋漓尽致地宣泄了出来。黑帮大佬因为他多了一个复杂且难以一目了然的错综形象，他阴暗但也柔情，他暴力但也充满恐惧，他险恶但也似水平静……这是一个复杂而富有人情味的黑帮大佬形象，梁家辉史无前例地赋予了影史上的这一角色人性的成分。

李连杰

功夫巨星、武术家、慈善家，“壹基金”创始人。1963年出生，7岁进入北京体校武术班，1975年，在全国武术成人组比赛中获得冠军。曾拒绝担任尼克松总统的保镖。1980年，在张鑫炎执导的电影《少林寺》中扮演“觉远”，此后成功打入国际市场，塑造了诸如黄飞鸿、方世玉等经典武术家形象。2004年，经历东南亚海啸，有所感悟，2007年创立“壹基金”。

★功夫明星系列之功夫皇帝

李连杰：中国大片一定要有悲剧结尾，这样观众才觉得是大片

李连杰，一个无须加注任何说明的名字。他意味着让人仰之弥高的名望，代表着热血沸腾的功夫电影黄金时代，现在更加是演艺圈公益行为和影响力的集大成者。他成功地从票房巨星突破格局，最终在社会上影响和帮助了更多受众。他信守承诺，息影一年专注“壹基金”事业，再度高调复出则是为关爱自闭儿童的公益电影《海洋天堂》作宣传。在接受专访时，虽然采访时间大方地给足一个小时，但却实在无法聊足他光耀的影史，唯有忍痛选择了一个时间节点来进行深入的讨论，这个节点就是1997年，那时香港影坛整体衰微，金融风暴正暗流涌动，有钱无钱的人们都深感不安。

放眼望去，李连杰曾经的代表作都是最能让华人乃至全世界影迷兴奋的作品，可是这些在今天的李连杰看来，似乎已如过眼云烟。

思索“打”的日子里

“暴力不能解决任何问题，打是为了不打”

李连杰很能打，而且是天才般的武术家。1972年，9岁的李连杰就曾得到过周总理的接见。12岁就在全国武术成人组夺冠。1974年到1979年连续5次获得全国武术大赛冠军，被时评称为“打遍天下无敌手的武林大师，是天才”。1980年，李连杰出演香港中原电影公司影片《少林寺》。上映后，该片不但在内地造成万人空巷的景象，当时一毛钱的票价竟也创造了票房过亿元的纪录，而且东南亚也掀起功夫狂潮，一个功夫时代轰然开启。当时内地不少青少年都逃学出走，希望复制李连杰的奇迹，有趣的是，其中不乏小有名气的人，比如明星王宝强。1991年，第二个十年，李连杰的出演《黄飞鸿》，他亮相时双手一摊的虚步亮掌式，成为无数影星竞相模仿的姿势。在这个十年里，李连杰也在好莱坞扎稳了脚跟，先后凭借电影《致命武器4》、《致命罗密欧》等标准动作片博得青睐，成功晋升国际一线巨星的行列。2005年，第三个十年，李连杰自己投资的电影《霍元甲》，凌厉的动作戏依然惊艳，但同时也开始试图贯彻自己对暴力、民族情绪等问题的思考。这个时候，李连杰显然已经跳脱出单纯的功夫明星的身份。

南都娱乐：在你出演的电影作品中，很明显能够看出，后面的作品越来越想去表达一个意思，暴力不能解决很多问题，比如社会问题。是不是你深有感触，觉得作为一个功夫明星，在面临这些社会问题的时候很无力？

李连杰：不要把电影的东西带到生活中，电影仅仅是用来表演功夫的工具。当然暴力从来就不是解决问题的唯一办法，也不是最好的办法，尤其是现在，你有很好的功夫又怎么样，现在有枪炮、导弹。我拍的电影中有一部分是反暴力，是用展现暴力的方法去否定暴力，比如在《霍元甲》中，我就说打最终还是为了不打，要和平。还有我监制的电影《狼犬丹尼》中，我要传达的观点是：如果一个人只会用暴力来解决任何问题，见到人就打，不懂得人生有更重要更美好的东西，那他活得就跟一条狗差不多。

南都娱乐：你是一位功夫明星，很多人都受过你的影响，比如王宝强，当你站出来又告诉大家，功夫其实没有那么有用，会不会让这些影迷有一种偶像幻灭的感觉？

李连杰：很多生命的感悟都是要靠自己来领悟的，即便我不说，到了30多岁，他自然就会转头去思考另外的问题，会发现原来还有这样的道路，所以我不担心他们（会幻灭）。

南都娱乐：你曾经说过，《霍元甲》是你要拍的最后一部功夫电影，是这样吗？

李连杰：我说过吗？我忘记了……是这样的，它应该是我拍的最后一个这种类型的电影，在我心中，武术、武侠和动作片都是不同的电影，比如《黄飞鸿》、《方世玉》都是典型的武术家的电影，它们要表达的是中国传统文化中的武术精神，而到了好莱坞，有追杀，有枪炮，那就是标准的动作电影，这是不同的。说到你刚才问的所谓最后一部，我说过很多话，而我也在改变，我觉得改变是最正常不过的事情，不变才是不正常的。五年前我说过这样的话，是真实的，那我现在说这样的话也是真实的，就好比谈恋爱，爱的时候是真的，分手的时候说的话也是真的，只不过是这段关系要结束了，但并没有欺骗，对吧？

南都娱乐：不知道你看过《叶问》系列没有？我发现一个很有趣的现象，当观众看到叶问打外国人的时候，情绪很high，这跟

多年前看黄飞鸿打外国人是一样的效果。当然这是很朴实的爱国情怀，但从你的角度看，这种情绪会不会有点傻？

李连杰：这太正常不过了，中国人会这样，是因为这涉及中国文化的东西了。我在《霍元甲》中曾经试图去讨论这个问题，我不完全站在中国人的立场，也不完全站在外国人的立场，而是以一个比较中立和客观的态度去看，但后来电影审片的时候却没有办法完全通过。你比如说，外国人说我们是东亚病夫，我不检查，直接就去打你，这是一种情况；第二种情况，我检查了，的确有病，那我就去治嘛；第三种，我检查了，有病，但我还是要去打你。实际上，第三种情况会比较多，但他们（指投资方）说这个太刺激了，怕观众接受不了，那好吧，我就没有在电影中表现出这些东西。你发现没有，黄飞鸿也打了很多外国人，可有没有一个外国人跳出来说我们在侮辱他们的国家？美国电影的文化包容性很强，电影中，你可以去炸他们的白宫，恶搞他们的总统，这些美国观众顶多笑笑，说娱乐嘛，没关系的。但是在中国就会相对敏感一些，谁被打了，海报呈现出什么样的姿态，都可能刺激到某些中国观众。

南都娱乐：你的《狼犬丹尼》就被一部分观众认为是辱华，你怎么看？

李连杰：我一个中国人，去找来投资，找来编剧，让美国人给我们拍，去讲一个反暴力、思考生命意义的电影，却被说成辱华，当然我并不在意。跟我合作的美国人就开玩笑，我只认钱啊，根本就没想到去辱华，人家只看重有没有赚钱，哪有想那么多。

南都娱乐：你个人生活的调整，比如定居新加坡，也引起过争议？

李连杰：我从来不想就这个问题解释什么。有美国朋友问我，你放弃了美国国籍去新加坡，应该是美国人骂你，怎么是中国人骂你？我就回答，因为他们爱我啊，爱有多深，恨就有多深啊。

在汶川地震期间，我曾经说过，在我心中排第一位的是中华民族，很多人有这样的想法不敢说，我敢说。

思索功夫片走向

“我不相信功夫时代会结束，不假想与甄子丹对打”

《南都娱乐周刊》有一期中曾经提出一个观点：甄子丹是最后一个功夫巨星。这是基于目前功夫电影的环境。当今影坛，新人匮乏，虽然甄子丹势头迅猛，但毕竟已经47岁，体力不济是迟早的事，再加上新的电影技术不断更新，使得传统硬桥硬马的功夫片更像是古董。本刊记者试图就功夫电影片种询问李连杰的观点，并就此延伸到国产商业电影模式的探讨。

南都娱乐：现在甄子丹很火，基于目前电影的环境，我们觉得他有可能是继你、成龙之后的最后一位功夫巨星，传统的功夫电影时代也将终结，你赞同这种观点吗？

李连杰：我不相信！前几天我在跟一个朋友，就是马云，探讨这样的话题，即如何“尊幼爱老”。以前我们说要尊敬老人，是因为他们有很多可贵的经验，但现在是不是也可以反过来去尊重年轻人？他们新鲜的观点应该被鼓励，要相信他们可以做到，可以超越前辈。功夫电影也是，我不相信以后的观众就不会看这种片种，从《定军山》开始，这个类型的电影就一直在继续。

南都娱乐：热心的观众会去做这样的设想，就是把你、成龙、甄子丹放在一起打，看谁更厉害一些，你怎么看这种有趣的设想？

李连杰：尽管去想象吧，我不会这样去假想，无所谓的。在电影中，谁打赢打输都很容易啊，给你一笔不错的片酬，告诉你去扮演那个打输的人，那你就输了嘛，哈哈！

南都娱乐：你曾经说过这样一句玩笑话，说大片就是死一大堆人，真是这样认为的吗？

李连杰：说这句话的时候，是基于东西方的文化差异和讨论。你看在中国，大片一定是有一个悲剧的结尾，《英雄》片尾人物差不多都死了，《投名状》也是，只有这样，观众才觉得，哦，这才是大片嘛！而在西方，不管过程多么痛苦，但结尾一定有一个惊喜给你，多是一个大团圆的结局，就像正餐之后的小甜点，这样才叫大片，西方人更喜欢乐观、积极的结局。

南都娱乐：在2008年说要息影期间，你客串了一部史泰龙的电影《敢死队》，它为什么能够吸引你？

李连杰：他们告诉我只有四个星期的拍摄期，而且是跟史泰龙等功夫演员、好朋友在一起拍片，我想那就拍吧，也可以从壹基金中暂时抽身出来，换换脑子，又能赚点钱，贴补家用，不是挺好的吗？（给的片酬高吗？）当然高啊，不高我为什么要去？

南都娱乐：也就是说，你不会轻易地降低自己的片酬，自己愿意，投资方也未必愿意。

李连杰：对，这就是商业电影，每一个环节都进行了很科学的核算，投入多少收益多少，那我也会去计算自己的投入和回报，我的价值体现在哪里。但是这是针对商业电影的模式，如果是像拍《海洋天堂》，就是另外一套机制。很多好莱坞影星如果真的遇到自己喜欢的剧本，独立制作，哪怕收一点点钱都会去拍。这部电影在票房上也许会失败，也许会成功，但这不重要，重要的是我做了愿意去做的事情。

南都娱乐：那这部电影算不算自己的转型，因为不需要去打了？

李连杰：不算转型，只是我从事公益工作多年，又是一个父亲，所以会把自己的体验放在里面。所有演员都喊着转型，但真的没有几个能够真正做到。明明观众想吃饺子，你做饺子的突然改做汉堡包，那观众为什么不找更正宗的汉堡包？如果要看搞笑片，去看周星驰；如果要看严肃的感人的电影，去看周润发；而要看打，就看功夫演员……就是这样的，你真的会期待史泰龙或者阿诺去演一个很感人的文艺角色吗？他们能演得多好吗？

南都娱乐：也就是说你还是会沿着功夫演员的路子继续发展。

李连杰：坦白讲，我现在的兴趣真的不在这个上面，也不想一直做功夫演员，我希望将更多的时间和精力放在自己的“壹基金”上。

思索影视明星的公益行为和影响力

“我在中国以外很多地方，人们只会记得我是做公益的，而不会提太多演员身份”

这个部分的对话，也许会偏离电影甚至娱乐一段距离，但是自从章子怡“捐款门”事情之后，公众和媒体也更加关注影视明星的公益行为，更加注重透明度。很多人都以为是2004年东南亚海啸让李连杰惊魂未定之余，开始思索生命的意义，从而希望凭借自己的力量去帮助更多的人，他一手创立的“壹基金”已成为国内乃至全球最有影响力的慈善基金之一，专业和透明程度也是有目共睹的。

南都娱乐：大家都知道是东南亚海啸让你开始思考生命的意义，之后国内又发生了汶川地震等灾难，你的思考又有什么新的东西，是不是更深入一些？

李连杰：其实也没有，我不是因为灾难才去思考的。很多人都说我是从2004年开始，那是因为在时间较短的电视媒体访问中，我为了让大家更明白更好理解，就说是从海啸开始的，但在深度的访问中，我会告诉他们其实早在1997年我就开始想这个事情了。那个时候我名也有了，利也有了，吃穿都是够的，用不完的，但是我看到比我身家更多的人，那些富豪，却依然不快乐，还有没钱的人也不快乐，我就想原来人快不快乐跟钱并没有直接的关系。在我们没钱的时候，前面就有一个诱饵告诉我们，你应该去赚取名利啊，有了名利就会快乐，但是等你达到一定程度的时候，发现原来不是这样的，所以就应该去想生命的意义在哪里，是不是帮助别人才会让你更快乐。

南都娱乐：你特别提到1997年这个时间点，我们都知道那个时候，亚洲金融危机正在酝酿和起作用，香港社会中很多人破产甚至烧炭自杀，这是不是你思考的背景？

李连杰：对，还包括电影，1991年的时候我拍了《黄飞鸿》，但之后其实已经开始走下坡路，整个电影市场并不好，衰败了。而大的环境中，很多人一夜破产，什么都没有了，大家都没有安全感。还是那句话，我是很早就开始去想通过自己的力量去做电影之外的事情。

南都娱乐：以一个电影演员的身份去做一个很专业的基金，最困难的地方是什么？

李连杰：那就是要寻找到一个科学的运营模式，是能够持续发展的模式，即便我李连杰不在了，它还能继续，就像麦当劳叔叔不在了，但你还可以吃到麦当劳。那“壹基金”就有这样的模式，它比较科学，很专业，我在哈佛大学讲述它的运营模式，那里的教授就说我不用上课，直接就能做他们的老师，这个模式是可以被借鉴和复制的。

南都娱乐：自从章子怡“捐款门”事件之后，大家也更关注明星慈善的透明度，“壹基金”这方面做得比较好，很早就注意到这个问题。

李连杰：是这样的，影视演员去做慈善，在娱乐化的年代大家会关注这个身份，我在中国以外的很多地方，人们只会记得我是来做公益的，而不会提太多演员的身份。在国内，很多人会用怀疑的眼光来看这些。我觉得透明度是必需的，要告诉大家我们做了什么，每一步做到了哪里。还有，很多人喜欢揪住一个人的出身不放，在你做公益的时候，写新闻就一定要提醒你是一个演员，爱翻旧账，好像永远都不能摆脱。那我最早的出身是搞武术的，那武术就应该是我的老本行啊，中途才做了演员。我小时候爱吃冰激凌，那你不能让我一辈子都吃这个吧！

【记者手记】

李连杰是一个很有倾诉欲和话题掌控力的人，他会根据你的问题将话题转到他想要表达的那个点上，可以看出整篇访问的核心其实还是他希望跳出自己是一个功夫明星的身份，去关注他的公益行为。不少圈中明星都开玩笑说，杰哥三句话不离“壹基金”。对于他的投入热情和真诚用心，我们表示敬意，他为很多明星做出了有益社会的典范。但作为影迷，其实更愿意跟他花更多的时间去聊那样一个热血沸腾的功夫年代，让我们胸中平添凌云志气，深以为尤其在当下不安全感加剧的年代，这样的励志作品或许也能起到一些正面的作用。有关李连杰1997年之前的很多事迹都没有时间去展开聊，比如当年接拍《少林寺》的趣闻，徐克如何从美国请回定居美国的他拍摄《黄飞鸿》，再比如他为了怀孕的妻子利智如何拒绝了《卧虎藏龙》等等，笔笔都是好故事……可惜啊，只能期待下次有机会再听他宣讲公益心的间隙讲述一二吧！

（采写／艾辉）

印象：当得起皇帝，也当得起慈善家

文／朱白

如今在镜头前，你更容易看到一个笑容可掬甚至不惜将脸上的五官拧成一团的李连杰，此时你不会想到这个人曾经让“少林寺”成为一代人心中的热词，曾经是功夫巨星，曾经是好莱坞最成功的华人明星，曾经抛弃发妻伙同性感美妞远渡重洋……当然，往事不堪回首，从一个人的悠长生命长度来说，李连杰的所谓前半生可以看成如今对慈善、对信仰颇有心得的前戏——正是因为有了前面的经历，才铸就了今日的慈善家。

“觉远和尚”“方世玉”“黄飞鸿”“黑侠”“英雄无名”“霍元甲”……这些不仅仅是一个时代的代码，成功塑造这些角色更是迄今为止一个华人在影坛上所能达到的最高成就之一。与此同时，他还是偶像、武术冠军、国际巨星、武术家、慈善家、“壹基金”创始人、××形象大使……以及新加坡籍华人。李连杰在明星中也算是将生活过到极致的一个，他从武到善，几乎将所谓的百味人生都尝试过了，而这背后他有不见得人人都能理解的原因。

从善恶分明舞枪弄棒的功夫皇帝到笑容可掬身体力行的慈善家，这不是一个向下的流变，而是一个人在经历那么多事情之后的自然嬗变。大家都知道李连杰在那次海啸幸免于难之后开始信佛，并将此看成功夫皇帝到慈善家的转折点，但其内在也许早就在多年之中逐渐形成一种嬗变的暗流，只是悄悄移动，我们和当事人都不知而已。你要承认，如果换其他明星同样从印尼的海啸中逃生，就不一定会有李连杰今天这般执著，这不是人品差异之类的问题，而是生命历练的一种结果。

从面无表情打起来就咄咄逼人的黄飞鸿，到玩笑开得、妞泡得、功夫更了得的方世玉，再到大彻大悟的张三丰和英气逼人起伏明显的陈真，一直到融通了武术与东方之美的霍元甲，李连杰不仅是用血肉之躯，而且更是用流动的东方血脉和学养铸就了一个个让人难忘的银幕形象。如果说遗憾，只能说，如今李连杰已经不“打”了，他是“善”字背后的那个愿意帮助更多人的人。单纯从银幕意义来说，霍元甲是他目前最后一个深入人心的角色，悲观一点说，甚至可以说这是他人生的最后一个充满个人符号意义的角色。

李连杰作为一名银幕英雄，你当然可以继续相信他还会有新作品诞生，但从某种意义上来说，他的心已不在此也是事实，爱护痴呆儿子的父亲那种角色就算再成功毕竟也不是李连杰牌儿的。可银幕李连杰即便消失了，作为人的李连杰还在，这个人的背影并不比此前矮小，所以虽然对前一个李连杰已经可以盖棺定论，但对后一个李连杰，还远没到总结的时候。

吴君如

香港著名女演员，电视、电台节目主持，外号“三姑”。16岁进入无线电视艺员训练班，1983年中学毕业后拍过《斗气一族》、《错体姻缘》等剧集，后转往电影圈发展，常扮演被消遣挖苦的角色，不惜自毁形象搞笑，由此赢得“女版周星驰”称号，又称“大笑姑婆”。

★香港笑匠

吴君如：当年我和周星驰蹲在街市一起观察草根

吴君如以喜剧起家，有“女版周星驰”之称。她不仅仅是影视圈内少见的不顾形象勇于夸张扮丑，极尽搞笑之能事的女星，而且更重要的是，她以爽朗豪放的幽默风格和个人魅力，立意将“大笑姑婆”路线进行到底。王晶、黄百鸣、周星驰的经典喜剧电影中无不闪现着她标志性的面孔。她是20世纪八九十年代香港电影百花齐放的见证人，从80年代出道起，20多年来她走过的路也构成了香港影坛盛衰转变的片鳞鸿爪记忆。

在王晶时代进入电影圈

“《霸王花》是电影生涯的里程碑，我和周星驰曾是热血青年”

据说，当年吴君如从TVB训练班毕业之后，曾和刘嘉玲、邓萃雯、蓝洁瑛、曾华倩一起被列为新一代接班花旦，无奈她姿容平平，一直无法上位，还濒临雪藏。直到几年后被王晶发现，又和周星驰重逢，她的演艺生涯才发生了化学变化。王晶的《霸王花》系列给她打开了一扇通向电影和喜剧的门，而与识于微时的周星驰在1990年合作拍了《望夫成龙》后，吴君如才开始确立早年憨厚爽朗的搞笑银幕形象，并以独特的喜剧风格为人们所熟知。

南都娱乐：你16岁读TVB训练班入行，开始在电视圈发展不算顺利，后来怎么转入电影界的？

吴君如：我刚入行拍了几部电视剧，就是无线那些典型的电视剧，古装啊爱情啊。电视台影响我最大的不是在戏剧组，而是拍了几年电视之后去了做综艺节目，我通过搞搞笑、唱唱歌，才渐渐接触到喜剧。那时刚出来，才十七八岁，太嫩了，对什么是演戏、怎么揣摩这些都不懂，都是自己后来摸索出来的。在电视台真是没有什么人教你，我又不是那种很惹人喜爱的学生，我是反斗型的“百厌星”，上课聊天、多嘴多舌。不过我做综艺节目时被发掘了，那时王晶正要拍《霸王花》，他到处去找一批新面孔的女孩，不需要什么经验，一味青春就行。《霸王花》算是我电影生涯的里程碑，票房很好，之后我就红了，一直有很多戏拍，从1988年开始拍了五年的戏，每年拍十几部。正是有了《霸王花》，才有我后来和周星驰的多次合作。

南都娱乐：你是周星驰早期喜剧中的经典拍档，但你们应该在TVB时期就合作过？

吴君如：和周星驰在电视台已经合作过一部电视剧，我拍第一部电影《霸王花》后，才跟他拍了《望夫成龙》，拍了两三部戏后才有《赌圣》的合作，《赌圣》当时有了4000万港币的票房，周星驰就是因为这部电影奠定了他自己的地位。我记得在TVB时有一次和周星驰拍电视剧，我们俩蹲在街市，看着忙忙碌碌来来往往的人们，我们很喜欢看街上的人走路、说话，大家都觉得很有趣。那时候和周星驰演得最多的就是这样的草根，因为我们不是帅哥美女，难道他演刘德华，我演李嘉欣？他出身单亲家庭，我家庭就完满一些。我的思维很简单，他想得多想得深，所以成就也高。

南都娱乐：你们也算是相识于微时了，当年刚开始合作就很有火花？

吴君如：其实开拍前我们会坐在那里磨啊磨，然后还是觉得不行，那只好先拍吧，拍了以后一时觉得OK，一时又觉得一般，哈哈。我最喜欢跟他拍的《流氓差婆》，这其实是比较文艺一点的戏，不是那么好笑。我们那时是很热血的年轻人，刚刚出道，都很热爱这个行业，每一件事情都希望做到最好，现在回想起来是最开心的时光。当周星驰慢慢红了以后，我不知道为什么，他就变得越来越“古缩”（粤语，内向孤僻之意）了，把自己藏起来，不知他想什么。可能他自己有很多包袱，深沉了，大家都长大了，各自走的路不同了，我现在没有和他合作，大家也很久没有见面了。我也有看他的《长江七号》，但它不是我“那杯茶”。

南都娱乐：早期你跟王晶拍了不少电影，除了《霸王花》系列，还有《求爱敢死队》、《最佳损友》系列，他对你后来走喜剧路线有什么影响吗？

吴君如：那时我真是跟王晶拍了很多戏，他是整个本子都在那了，不用你怎么想，他的喜剧很好笑。还有就是刘镇伟，刘镇伟教了我很多演戏上的东西。那时的电影总想尽量在短时间内拍完，总是很急，道具、剧情都没现在好，所以那时候就很能“卖人”，演员一旦红了就会被人抢来抢去。

吴氏喜剧的10年

“张国荣不在了，张曼玉又不拍了”

早年在电视台发展受阻纯属塞翁失马，吴君如进入电影圈时正好碰上新艺城掀起的喜剧潮流。出身小康之家，从小被宠得如刁蛮公主般的她，偏偏爱演草根，而个人与时代的喜剧之路就这样不谋而合。在《最佳损友》中饰演粗鲁女警花，一场挖鼻孔的戏，让她在难堪的哭泣过后彻底放开了自己，“大笑姑婆”吴君如的喜剧生涯由此开启。

南都娱乐：你二十来岁就开始拍喜剧，一些夸张和扮丑的戏怎么放得开？

吴君如：我自己的性格很开放很开朗，没有什么所谓。当你决定要走这条路，不和别人争做女主角，或者不再等有做女主角的一天，你就会立定心肠要做这样一件事，不然就两头不到岸。那你就有一些东西要豁出去了，当你豁出去之后，回馈是好的。在喜剧的层面你可以试验不同的角色，不是一味做单纯的花瓶。

南都娱乐：有让你觉得特别难堪的时候吗？

吴君如：开始时也有，王晶在《最佳损友》里让我挖鼻屎，我觉得那次有点难堪，但这就是王晶式的“屎尿屁”喜剧，他很享受这个。那是我很早期拍的喜剧，难堪是因为这始终是很私隐的事情，但是很快也就没什么，适应了这样的情况，以后都没什么这样极端的例子。我反而觉得拍床戏才难堪，像喜剧这样嘻嘻哈哈，动作夸张一点总好过拍床戏和接吻戏，那更难堪。床戏是体力上辛苦，要就位，做一些表情，毫不相干的人也要和他亲一轮。我跟任达华拍《与鸭共舞》，有次拍完一组戏已经很累了，加上我的脾气不好，得知下一组要和他在床上湿身拍接吻戏，我说哎呀，不拍行不行啊。前段时间任达华遇见我才提起，说我当时闹别扭死活不肯拍，他又求又哄我都不行，最后折腾了很久才拍成，哈，我都不太记得自己这么讨嫌了。其实任达华已经是很nice的人，脾气又好，又会哄女孩子，他的吻也很过瘾，只不过是在现场情绪上会有问题。我和梁家辉拍《江湖告急》，不知为什么有那么多床戏，我很记得有一场戏导演想拍出梁家辉既饥饿又欲火焚身的效果，让我们两人吃意粉，正吃得有滋有味，一边吃一边做，嘴上油乎乎地吻，全身都是油，真是很恶心。相比起来，拍喜剧就容易多了。

南都娱乐：**后来拍了《家有喜事2009》，回看1992年版的演员阵容只剩下你跟黄百鸣。**

吴君如：那也没办法，像周星驰，现在他自己拍自己的，不打工了，他有他的目标。哥哥（张国荣）不在了，张曼玉又不拍了。当然，“家有喜事”这个名字很好，但故事就完全不同了。我记得第一部《家有喜事》，我们演员整天围在一起“度桥”（粤语，商量点子），想了很多很搞笑的桥段。开拍之前我们经常会“打四圈”。“打四圈”是我们的喜剧术语，就是每一次来到现场先聊聊。那部戏里面很多东西都是我自己加的，像第一部《家有喜事》，我演的大嫂经常在家里做家务，整天吸尘、洗衣服，洗衣服的时候，我就想象自己拿衣服出来时，不小心把头塞到洗衣机里了，然后吸尘又吸出了公公婆婆的内衣裤啊，这些全都是自己想出来的，那时就流行这种疯癫喜剧。

南都娱乐：**喜剧方面的女星这两年似乎也后继乏人了，回顾过去你会怎么给自己定位?**

吴君如：没有什么后继不后继的，郑秀文、杨千嬅她们演的是小品喜剧，我的是大龙大凤大鸣大放的喜剧。定位的话，这么多年了，“吴君如”已经是一个品牌吧。我不是偶像，演到什么时候，演到多少岁都可以有奖拿的，比如张艾嘉、萧芳芳现在这样，我不是跟她们比，只是觉得自己不是偶像，演到什么时候都可以。

30岁后转型成“四面夏娃”
“片场大哭，刘德华打来贴心电话”

在疯疯癫癫大开大合的银幕形象之下，吴君如也曾对自己的演员生涯充满了焦虑。20世纪90年代中期，踏入30岁的她决心尝试转型，饰演一些性格多面、有深度和立体感的角色，在1998年凭电影《古惑仔情义篇之洪兴十三妹》夺得金像奖最佳女主角奖后，2002年更不惜增肥9千克出演由男友陈可辛监制的《金鸡》，最终获金马奖最佳女主角奖。多年的丑旦终于熬成正旦，人生如戏，戏中阿金笑中有泪的奋斗史也多少反映了吴君如从影近20年的辛酸心路。

南都娱乐：1996年你执导很有实验性质的《四面夏娃》，是考虑到转型吗？

吴君如：每个女演员都有一个时期要疯掉的，因为你到了一个瓶颈位。郑秀文也是这样，本来是好好的喜剧女王，忽然去拍了一部《长恨歌》，搞得自己精神压力那么大，个人发展的定律肯定是这样的。人生匆匆不过几十年，那一年我想不到自己那么快就29岁了，我和朋友切生日蛋糕的时候，突然就哭了，我发现原来自己从训练班出来，已经很快地过了10多年了，我很想在事业上能多一些把握自己。我就决定要率性一点，做一些不同的事情，别人拿几百万港币买一辆车，我就拿几百万港币拍一部戏，当然最后全都赔了当交了学费。不过我从做幕后的过程中也学了很多东西，就是不要再拍了，哈哈。

南都娱乐：2002年、2003年的《金鸡》可算是你的巅峰之作，听说拍的时候很艰辛？

吴君如：真的很惨，拍这部戏我都哭了好几次。《金鸡》几乎是我一个人从头到尾都在演，虽然有很多朋友来客串，但始终要和别人做对手戏，差不多每个镜头都要有我。拍着拍着，我真是悲从中来，坐在片场哭了起来。拍那部戏真的很辛苦，压力也很大，每个人都看着120分钟里吴君如的脸部表情。那种感觉真的就像在做“鸡”一样，虽然不用做那些，但你要不停地做表情，表现自己在伺候男人，很难熬。不过演戏无论多辛苦还是值得的，因为你始终留了东西在世上。

南都娱乐：《爱君如梦》的跳舞戏也很不容易吧，和刘德华在多年后再合作有特别感觉吗？

吴君如：我当初以为他找我拍就是做一个喜剧效果，没想到要这么认真地排舞，我又没有什么记性，加上一紧张，跳到第三步就忘记了。拍跳舞戏那几天几乎跳断腿。那天拍到凌晨四五点，五六点我在家里的洗手间卸妆，刘德华很贴心地打电话来安慰我，他说：“我知道你肯定不开心的了。”但凡是女孩子让他体贴两下，都会很受用的。从王晶那个年代开始，我和华仔就拍过很多戏，像《最佳损友》、《专钓大鳄》，他很照顾人，很体贴，是一个好好先生，性格也很像小孩子，他会哄一下我，我也哄一下他。他私下说话也挺率性、口没遮拦，不会过于掩饰，有时讲讲是非、开开玩笑，让你觉得很过瘾。十几年前我们拍一部戏，我在一旁小睡休息，刘德华他们一帮男人在很开心地高谈阔论聊泡妞经验，我暗想：原来你也要泡妞的啊，哈哈。

【记者手记】

吴君如为人很随和豪爽，也许是近年做电台多了，当年往事顺手拈来侃侃而谈，绝无冷场。人生的机遇总是令人出其不意，她喜欢拍江湖片和文艺片，但最终走红的是喜剧；年轻时喜欢杜德伟那样八块腹肌的阳光猛男，但最终与之携手共度人生的，是又胖又矮却温文儒雅的陈可辛。

（采写／叶晓萍）

印象：她是香港传奇

文／韩松落

香港传奇里，那些由女性贡献的部分，固然不能少了李丽华、乐蒂、林黛、梅艳芳、刘嘉玲，但却也不能少了吴君如。

她生于演艺家庭，父亲是资深喜剧演员夏春秋——这是一个伏笔，但她一开始并没领会。1981年，她考入TVB电视艺员训练班，成为吴启华、刘青云、刘嘉玲的同学，训练班毕业，她和刘嘉玲、邓萃雯、蓝洁瑛、曾华倩一起，被列为TVB新一代接班花旦。但那是一个什么时代啊，是香港电影和电视的黄金盛世，是香港女演员姿色最强的时代，吴君如的相貌不赖——她后来被频频列入丑星谱系，全是她出演喜剧造成的错觉，但和这些世纪绝色美女比起来，还是有差距。她因此没演成女主角，甚至险被雪藏。终于，王晶在《霸王花》系列中给她重新定位，要她以谐星面目出现——这就是《霸王花》中那个打太极都会摔一跤的女警，她以痴傻、癫狂的形象，衬托了胡慧中等人的冷艳，并从此延续了这个路数。1990年，和周星驰合演《望夫成龙》，将她演惯的这个形象推向了极致。

20世纪90年代中后期，她开始尝试更有深度的角色。在《古惑仔情义篇之洪兴十三妹》里，她扮演一个大大方方的失败者，一个粗糙的、恋慕女性的女性黑道人物，这个角色使她获得第18届香港电影金像奖最佳女主角奖。但她作为演员的最灿烂时刻，出现在2002年，她增肥9千克，在赵良骏导演的《金鸡》里，出演一个从鱼蛋妹做起的妓女，在《一生何求》的歌声里，含着眼泪微笑，在“活下去”的同时，始终那么善良与温情，并怀有对未来淡淡的希冀。在慌乱的2003年，这个角色的意义非同小可。凭借此角，她获得第40届台湾电影金马奖最佳女主角奖。

她是一个气口，让我们知道，女性形象绝对不只我们看惯了的那些，不只有林青霞和钟楚红可以有活路，她在“大笑姑婆”的外表掩护下，所展现的女性的另一些品质：温婉、乐观、坚忍、能屈能伸，同样有声张的必要，甚至比美貌更值得肯定，因为那是多数女性的品质，多数世俗中人立身的资本。

吴君如神话，也是香港草根神话的一部分，说明了这个成熟的市民社会的可能性。刘德华、梁朝伟、周润发、刘青云，曾是“宋兵甲与宋兵乙”，郑裕玲、刘嘉玲、吴君如，也曾是“宫女甲和宫女乙”，即便从没成为主角，一辈子只在配角丛中打滚的那些人，也渐渐成了戏骨戏精，在每一部戏中尽心尽力发光发热，一露面便摄魄勾魂。之所以能这样，就在于他们可以凭借日积月累的经验成就自己的神话。

吴孟达

1953年出生于香港，后来考入无线电视艺员训练班，当时的同学、朋辈中有周润发、杜琪峰等。1979年，吴孟达凭《楚留香传奇》中的胡铁花一角开始引起观众注意。1988—1989年与周星驰合演电视剧《盖世豪侠》等，由此奠定他的喜剧戏路，两人最终也杀入电影圈并成为经典搭档，10多年来有代表作《逃学威龙》《鹿鼎记》《食神》《少林足球》等。

★搞笑片第一配角

吴孟达：成龙问我和周星驰，你们眨一下眼，就那么好笑？

年轻时的朋辈，周润发比他高大帅气，杜琪峰比他有才华，混迹电影圈近20年，前有午马、秦沛等老戏骨，后有林雪、杜汶泽、黄秋生等中生代，香港电影工业蓬勃发展的年代人才辈出，但整个20世纪90年代吴孟达却一骑绝尘。既然能被称为“香港第一男配角”，自然得有点舍我其谁的真材实料：再少的戏份，一出场依然举足轻重。阅港片无数的观众，忘得了片名忘得了内容，忘不了的是他每次出其不意的现身，那副满满是戏的神情。

入行头10年经历从走红到破产

“周润发说，你想不通就继续烂吧”

当年吴孟达出师、入行似乎顺风顺水，但套用一句某大哥的经典语录，他也犯过“很多年轻演员都会犯的错”，以致出道前10年就经历了走红、“雪藏”、破产的巨大落差。吴孟达在演艺圈开始时并不轻松，不过倒也起伏跌宕交足功课，而正是戏外的“精彩”，最后竟祸兮福兮地促成了他日后的绝境重生。

南都娱乐：你20岁时考上训练班，入行难不难？

吴孟达：当时一腔热情想入影视圈，无线电视艺员训练班第三期我考了进去。我从小不属于乖孩子那一类，没心思读书，不喜欢做传统的工作，那时候觉得做明星很厉害哦，好风光啊，过的真是灯红酒绿的生活啊……直到我真的试着去考训练班，幸运地考上了，就不知天高地厚地认为考上就是大明星了。我同期训练班的同学现在大家都认识了，像周润发、卢海鹏、邓英敏。在TVB待到第七年拍了一部《楚留香传奇》，我演的胡铁花是非常重要的一个角色，台湾那边也开始流行楚留香热潮，请我们过去登台和拍电影。当时我是TVB合约艺人，就请了两三个月的假，和赵雅芝、廖安丽等一帮人过去做show。那时每天晚上都有老板请吃饭，酒色财气什么都有。后来虽然我请假的期限到了，但在台湾有那么精彩的生活，又有白花花的银子，就不管TVB的期限，继续在那边天天醉生梦死，哈哈。在那边过了一年多再回去TVB，我这么不听话，当然就被“雪藏”了。

南都娱乐：等于是刚走红就跌入低谷，跟周润发也差点因财失义？

吴孟达：是啊，在那段糜烂日子里坏习惯全出来了，又赌钱，被银行和债权人追债，搞到我要宣布破产。

那是1980年，我要还30多万港币，真的是赊借无门。周润发已是香港红透半边天的小生，和我又是感情挺好的同学。以前读训练班他住在香港岛，那个年代没有海底隧道，晚上过了12点回去是很麻烦的，他就时常在我家睡觉。后来我开口向他求救，他没有当场拒绝我，大概过了一天才说不行，最后丢下一句话：“阿达，你自己要想通，你想不通就继续烂下去，这辈子都搞不定的了。”但我当时想，不是吧，大家那么多年老同学，有难你都不帮？当时有几个方案是想到的：要不就逃跑，躲起来；要不就转行，在这个圈子里消失；要不就自杀；要不就从哪里跌倒就从哪里爬起。垫高枕头从晚上想到天亮，结果就决定走最后一条路。

南都娱乐：那几年是怎么慢慢重新爬起来的？

吴孟达： TVB将我摆在“雪柜”雪藏，以前我演《楚留香传奇》胡铁花这么重要的角色，回去之后只派我演《射雕英雄传》长老什么的，最开始更是演一些飞仔啊，我之前可是《欢乐今宵》的主要成员，但又喝又嫖又赌，还怎么爬起来呢？想了很久，还是干回自己熟悉的老本行，以前我们都是学斯坦尼斯拉夫斯基那套体系（现实主义演剧体系）的，那时我的工作量不多，有很多时间但没钱去消遣，于是硬下心肠磨好这把刀。从1981年开始我的确非常用功，凭以前老师发的表演艺术书学习。记得虾叔（关海山）闲时也喜欢喝两杯，我们聊得来，我后来还叫他做师傅，他借很多关于表演的书给我。我又不停地去看旧电影，希望钻研一下前辈的表演。那四年，你说困难也行，你说我幸运也行，的确让我开窍了：所有东西都必须抽丝剥茧弄得清楚，每一句台词每一个镜头，怎样才能让观众接受，对整个戏有什么帮助和对手互相有得益，知道原来演戏是要从这个角度去看的。

南都娱乐：到《新扎师兄》的时候，应该是低谷反弹的一个契机了？

吴孟达： 那是1985年招振强（曾导《上海滩》）开拍《新扎师兄》，让我演警察学校里的教官。剧本里的人物性格没那么鲜明，于是我想这个角色该怎么给他生命呢？四个字：面冷心热。有一场戏是要骂梁朝伟的，他做我一个学生，从头到尾都是我的对白，大概两页纸，一般我看4次就能记住所有对白，但我看了200次。

总之我一定要抢完焦点，就连主角的戏比我多也是没用的，焦点一定在我这里。所以我从1985年到1988年在电视上都非常受欢迎，每年的贺岁片指定要找我。

与周星驰成就经典喜剧组合
“周星驰容易暴躁，我会做和事佬”

30岁后的吴孟达，开始重新做人修炼成一个好演员，如果没有遇上周星驰，后来的吴孟达可能成为一名宜悲宜喜城府幽深的老戏骨。但和周星驰相遇和合作，碰撞出的火花却改写了他的演艺轨迹，通向喜剧电影世界的门已经开启，20世纪90年代的喜剧片和贺岁片也被注入了强大的新能量。

南都娱乐：和周星驰从《盖世豪侠》成为经典搭档，对你是另一个转折点？

吴孟达：1988年年底开拍这套电视剧，周星驰被公司派来演我的徒弟。其实我对他不熟悉，但又依稀有点面熟，原来他是做那个儿童节目《430穿梭机》的，又很巧地和我住同一个社区，从我家走路过去他住的地方大概5到10分钟，所以经常一起回家，在车里聊着聊着就变得熟悉点了，芥蒂也没有那么多了，最后变得无所不谈。可能因为《盖世豪侠》的缘故，公司第二年又拍了《他来自江湖》，演员有万梓良、毛舜筠、恬妞，我和周星驰做一对父子。当时我和他已经熟悉了，每天都会在家附近24小时营业的美国餐厅讨论剧本，那时大家精神好得不得了，都不想睡觉。

当时他还不算资深演员，很多意见要通过我去跟监制商讨，有的主意大家觉得可行啊，就推我上了，当时我在TVB有一点地位，监制都很相信我。戏里我和他的关系挺前卫的，我做他老爸但又不像他老爸，这就是所谓“无厘头”的开始了。但说真话，到现在我们都不知道什么叫做“无厘头”，那是别人叫的，我们从来没有把这种表演方式定义为“无厘头”，哈哈哈。“无厘头”就是凭空去表演，所谓“文明剧”没有剧本的，随心情，喜欢说到这里就说到这里。

南都娱乐：你们的组合有市场了，然后就开始打入电影圈？

吴孟达：那个成功是靠吴思远先生的，当时他在加拿大，但《他来自江湖》的录影带传了过去，我后来才知道的。他的太太唐唐过来和我接触，说觉得我们的组合很好玩，想找我们拍电影，这就是我和周星驰的第一部电影《赌圣》，导演是刘镇伟。那时虽然我和星仔跟刘镇伟还是第一次见面，但大家却一拍即合，在合理的情形下令这部戏变得很疯狂。拍的时候没有压力，总之就用心拍吧。后来因为吴思远的关系排成暑假档，当时大哥成龙有部戏也是暑假档，影帝许冠文有部喜剧也是暑假档，三部片里面我们是黑马，制作成本便宜，名气不及人家，我们都不敢去看。首映午夜场工作人员回来说很火爆，现场笑声多得不得了，票房赶得上成龙他们的午夜场。我说不是吧，不要骗我们啊。“是真的，达哥。”他们开始叫我达哥了。

于是我悄悄叫人买了两张午夜场的票，约上星仔，开了场大概15分钟才悄悄地进去。还没进去就已经听到全场的笑声了，找到位置后两个就鬼鬼祟祟像做贼似的坐下，哇，观众从头到尾哈哈大笑，当时我们都被气氛感染到兴奋得不得了。小朋友干脆就是一边笑一边拍大腿，一边扔东西的也有，笑得完全忘形，掌声多得不得了。我们就真的走运了，从那时候开始，我和星仔不停地合作。后来成龙大哥找过我和星仔，问："哇，你们拍的那些是什么，那么过瘾？我从几十楼跳下来都没有人鼓掌，你们眨一下眼，或者躺在地上pose怪一点，就那么好笑？"我们也说不出，只觉得当时应该这样而已，但从此就变成一个气候了。

南都娱乐：和周星驰合作那么久，彼此的合作模式有没有变化？

吴孟达：表面上没有变化，但其实不停地在变化。开始我们沟通很多，后期因为比较忙了，大家今天拿剧本回来，明天看有什么地方改的，可能临场改就来不及了。而且后期星仔也开始学着做导演了，他将自己个人的表演更多地放给别人，希望群体的戏好看一点。以前的戏从头到尾都是我们两个在唱双簧的，所有的笑料几乎都在我们身上。后期从《食神》起，他开始注重多给其他演员发挥的机会。

南都娱乐：之前有很多议论的声音，说周星驰很难和别人合作，你认为他是怎样的人？

吴孟达：我认为星仔从头到尾很多东西都没有什么变化，他一向都是这样的，不熟的就不喜欢和别人沟通，再加上有时候因为他的名气啊各方面的，有些人会怕他，面对他会紧张一点，在现场演技未必能够发挥出来。而周星驰到后期因为学做导演，他会要求比较高，过不到他那一关，他表达时就会暴躁。如果我在场，就负责做平衡工作，比如说拍《少林足球》时某位很出名的演员NG了一次又一次，NG到发火，语气上当然大家都很不舒服的了，闹僵了就把我推出来做和事佬，令气氛好一点，大家继续拍戏。我承认会有这个情况，但我认为星仔是针对事而不是针对人，他是希望你的角色演得好，因为他开始做导演了，希望你在戏里面达到他的要求，很多新加入的成员未必知道，甚至加入了很久的都未必知道。

练就黄金配角独门心法
“配角要不抢戏却举足轻重”

闯荡演艺圈多年，吴孟达自称有“霸者之刀”、“王者之剑”两大秘密武器防身。虽然这等武侠意象在今天多少有点老套，但个中的黄金配角独门心法却字字珠玑，如“霸者之刀”要出鞘见血，舍我其谁所向披靡；而“王者之剑”则可包容任何角度，海纳百川后又归于平淡。至于演反派，吴孟达又自有一套心得。

南都娱乐：当年的《大话西游》是你和周星驰、刘镇伟继《赌圣》后的又一部经典，同时罗家英演的唐僧也大受欢迎，对你来说会不会是压力？

吴孟达：没有啊，罗家英当时是来客串的，不过那个角色很抢镜，我没什么特别的压力，他有他做，我有我做。家英哥其实算是我的前辈，因为在粤剧界他一早成名了，是大老倌。家英哥为人非常谦厚，他在舞台演惯大戏，来到电影这方面是完全不同的东西。

电影大银幕对着观众，一举手一投足都不能像舞台那样夸张地表演。我觉得没有压力，没有关系的。

南都娱乐：在同时代的同类演员中，你曾经遇到过对手吗？

吴孟达：我刚刚出来的时候是霸者之刀，霸者的气势，我得罪地说一句，所有的对手在我眼中都不是对手。因为那个霸气会让对手怕你，他面部会抽动，说对白不自然，因为他不懂我那一套，我完全是整个角色，所有对白都好像是与生俱来，因为我都熟悉了。

南都娱乐：作为配角却提“霸者之刀”，会不会真的抢了主角的戏？

吴孟达：“霸者之刀”当时是我的一个阶段而已，我和星仔出来以后，就慢慢地又进入另外一个阶段了，我就开始知道什么叫做“王者之剑”了。那是完全包容的，可以是任何角度，柔软度高得不得了，不需要抢但又有自己的存在。“霸者之刀”一出鞘就要见血，“王者之剑”不用。我和星仔由第一部戏开始，就变得不用全部焦点落在我身上。到了后来，从《苏乞儿》开始，我要兼顾对手的立场、地位和存在，又要让自己的存在令整部戏好看。我相信是从那个时候开始，明白这是“王者之剑”的。哈哈，未必别人也认同。

南都娱乐： 演一个成功的反派，你有什么心得？

吴孟达： 我当时的理论是，反派要做到可爱，做到让别人同情，因为没有人觉得自己做的事情是反派的，杀人放火者都有他的角度。我和星仔拍的《赌圣》，我演的三叔也是反派，但你看看我可以用另外一个演绎方法将他演得可爱。他好赌，怕死，好色，爱占便宜，欺负侄子，有哪样是正派的？但他又有人性和良心的一面。

《鹿鼎记》里的海公公海大富，也是一个反派人物，他一向是一个很“阴”的公公，但我可以把他演得可爱，也可以说是Q版的海公公。

南都娱乐： 有这么多年的经验和演技，但从未做过主角，会不会心有不甘？

吴孟达： 不会的，我觉得配角也不是那么容易做的。你做主角也好，做配角也好，做得好，让别人记住你，已经是最难得的了。如果每部戏都是主角，但别人不认同你，一样没用。我的目的就是对得起自己，对得起观众，对得起所有人。我尊重自己的表演，每部戏都有真正的付出，如果观众看到就很认可，那就也不用介意这个是什么角色，主角也好，反派也好，无所谓的。

【记者手记】

记忆中总在周星驰身边花样百出的吴孟达，如今已是有着白发和大肚腩的半百中年人。他丝毫不讳言自己早年的荒唐，也坦然看待昔日身边人的飞黄腾达、远走高飞。他好像从来不按悲喜剧、主配角分类，唯一不变的是他对演艺事业的虔诚和尊重。也许真是日子有功，岁月和历练赋予人难得的稳健和通透，他俨然是已臻化境的高手，看似非常亲切，却又深不可测。

（采写/叶晓萍）

印象：配角人生让我们念念不忘

文／邓晓琪

吴孟达是一个普通得不能再普通的人，他出现在街头和出现在镜头里是一样的，多一个不多，少一个不少，最多是街景的一道绿叶。你可以说绿色于生活不可或缺，但会说那块草地上的某一株青草绝对少不了吗？吴孟达就如巷子拐角的一个招牌，常年迎风接雨，许多年没有变，他在的时候你感觉不到他的存在，即便他使劲张扬自己的笑脸和惟妙惟肖地扮起小丑来逗你乐，在你看来也是转瞬即逝，他不会如周星驰一样影响一代人，也没有像曾志伟那样丑到极处，他只是棵小草——他才是真正的草根。

作为真正的草根艺人，吴孟达并非代表广大草根阶级，而是他本身就是这个阶级的一员。从20世纪80年代末开始他就专注于与周星驰合作的那些搞笑戏，这个动用浑身解数的配角，终究让观众渐渐脸熟，大家都知道只要是达叔出演的电影，那就一定是喜剧了，甚至有达叔就有星爷，他们是一对银幕双胞胎，只是达叔永远都只能是星爷身边的配角。

能将配角做到极致的人不多，而吴孟达一生只演配角，甚至只有一种风格的配角，并真的演了快一生。吴孟达今年已经60岁了，可你从香港电影甚至内地电视剧上，还是经常可以看到他那张似乎20年没有变的脸。据说因为家庭负担重，达叔现在还要出来工作养家糊口，而不是什么热爱演艺事业，更非要得个金像奖、金马奖来一了心愿，对于这位在影视上活跃了40年的老牌配角来说，只剩下了养家、度日——那你还相不相信演艺圈个个都纸醉金迷呢?

达叔当然醉过迷过快活过，他要赡养家庭正是当年快活的后果之一。情债还是深情，除当事人以外别人都说不清楚，但事实是他曾离过三次婚，如今要负责赡养四个家庭，单单这方面的必然支出每月就高达上百万元。达叔能不继续卖命工作吗?

但吴孟达无疑是快乐的，正如他在《大话西游》或者《少林足球》里那个缺心眼的二当家的和足球教练一样，生活的磕磕碰碰中他总是有点主意，虽不能事事逢凶化吉，但至少能令他大多时候是快乐和满足的。20世纪90年代在达叔跟周星驰有合作的日子里，他是红人，不是巨星也是家喻户晓，他大多数的角色以周星驰父亲为主，却常常遭到玩弄和挖苦，甚至戏中他还要被作践致死。《审死官》是一部足以影响90年代港片的成功电影，但人们只记得周星驰的机灵、杜琪峰的见识、梅艳芳的惊艳，甚至还可以讲讲最早是周润发要演周星驰的角色这样的段子，而甚少有人还记得吴孟达也有堪称可以写入华人表演史的一段表演，他可以将屎尿屁等不堪的表演变成水到渠成的自然桥段。他甚至还可以在《苏乞儿》里将道貌岸然和妖言小人演得惟妙惟肖和充满人性，这既是吴孟达作为配角的本事，也是他配角人生中让我们念念不忘的理由。

黄秋生

1983年亚视艺员训练班出身，后入读香港演艺学院，在香港两大电视台浸淫几年。20世纪90年代投身电影界，凭借三级片《八仙饭店之人肉叉烧包》首获香港电影金像奖最佳男主角奖，2003年因出演《无间道》的正直警官一角彻底“洗底”改变形象，除获得台湾金马奖肯定外，广大影迷亦亲切地封他作“配角铸就的戏精，烂片起家的影帝”。

★港片“戏精”

黄秋生：那个年代百分之八九十都是烂片

内地的港片迷们大多是伴随着20世纪90年代的录像厅文化成长起来的，在那个还不善于分辨何谓好坏只有全部吸收的时期，那些良莠不齐的黑帮电影、三级片，统统都跟着懵懂的青春冲动辗转成如今的集体回忆，继而形成特殊的港片情结。如今，跳脱出来看它的背后，那既是香港电影产业的辉煌期，也绝对是个良莠不齐杂草丛生的年代，尽管他们缔造的似锦繁花曾装饰了我们的美梦，但在一味沉醉的同时，也更需要有一些制造者冷静自审。黄秋生便是一位，他以审慎的态度，回望他经历的烂片生涯，克制、真实而珍贵。

三级片市场的繁荣背后

“当年这个行业没有一个人有远见”

20世纪80年代是香港电影黄金期，1995年11月，香港媒体开始讨论“香港电影之死”，从繁荣到衰败过渡的中段，港产色情片也迎来最为鼎盛的时期，这时候，黄秋生踏进了这个圈子。他抓住过新浪潮的尾巴，也偶尔尝过黑帮人士“驻场”的滋味，而更多的是为了养家糊口才拍下数不清的烂片。在参与缔造特殊的三级片文化的同时，他以一种无奈的姿态提醒世人，这些经验绝不是一个精彩故事所需要的戏剧性高潮，而很可能是危机的开始。

南都娱乐：以你的经历来说，当年的电影环境为什么能容纳那么多三级片产品？

黄秋生：自由环境。不光是因为黑社会，还因为没有审批，没有政治。市场又有泰国、韩国、台湾地区，录像带可以卖到欧美，可以自给自足。所以只要一部戏有黄色笑话、武打、飞车、鬼这些元素就可以，再找几个明星就可以拍。可是那么自由的环境之下，香港电影人居然没有好好把握这个机会，去拍出一些不同风格、内容的电影，太可惜了。就是因为当年在这个行业里没有一个人有远见，都是黑社会的人。黑社会不就是拍黑社会的？他们会什么？黄赌毒啊，不拍这些拍什么？

南都娱乐：所有从事电影工业的人都是这样想？

黄秋生：写剧本的都是黑社会，我问他，你会什么，他说我以前坐牢，我就会写这些。我们旁边都是一堆黑社会。他们只会问，为什么女主角不脱，为什么男的不打？打才精彩嘛，排队买一个汉堡包都应该要打。

南都娱乐：但当年《八仙饭店之人肉叉烧包》又令你拿了奖。

黄秋生：那又怎样？这并不代表我喜欢这部戏。我也不想拍。

南都娱乐：是生活所迫不拍不行？

黄秋生：因为是签了三部约，一开始签约的时候老板不会告诉你我要给你拍什么戏。再说，我是不挑角色的，有戏就拍。那个时候是根本没有人给你一年签三部，我们是打零工的。有人打电话找你有戏就拍。拍就拍，不拍就被人忘掉。演反派的人那么多。

南都娱乐：那你是过了一段痛苦的年代？

黄秋生：所以自己事后再看的时候就觉得很不爽，你当时在干什么！当然，那个年代也有一些像徐克这种投资很大的导演。一般来讲，80%—90%都是很烂的片子，三级片。

南都娱乐：你知道，对伴随录像厅长大的内地港片迷们来说，缅怀那些三级片、烂片更多的是一种集体回忆，对身处其中的你来讲，这是不是很有反差？

黄秋生：这是因为你们也没有选择，你们接收的文化也是没有选择的文化。比如当时香港除了三级片，也有艺术片，那你看选择什么？比如音乐，不仅有流行音乐，也有古典，也有jazz，那你会选择什么？现在你再说香港的音乐，你想起来的，没有别的，只有流行音乐。想到的就是那些人，张国荣，就像电影一样。香港也是，没有选择，有选择的环境，但是没有选择过。你们是在没有选择的情况下去接收。要是有选择的话，你们每个人的回忆都会不同，不会有什么集体回忆。香港有可以选择的环境，是你自己没有去选择，这很可悲。

投身三级
“拿了金像奖我也没有很开心”

除开整个大电影环境所致，演艺学院科班出身的黄秋生，从偶像派转折成反派，继而投身三级片，这中间的变化，有一些或许是他个人的自由选择，有一些则与当年和李修贤闹翻的个人原因有关，由于他不愿意签给李修贤经纪约，以至于拿了人生第一个影帝头衔的他，过了一个非常落寞的金像奖之夜。此后更传出他被台湾大佬杨登魁“封杀”。不过，在运气最坏的时刻，黄秋生也能安身立命，最终成就“烂片之王”。

南都娱乐：其实你是演艺学院科班出身，一开始应该还是抱有很大的艺术追求吧？

黄秋生：我在TVB的时候，拍了个电视剧《他来自江湖》，拍完后就开始红了，也就有些女fans会写信来，然后有一个同学告诉我，她老师说如果秋生这样下去他就完了。作为一个新的演员，应该尽量把自己伸展，看你的范围你的程度有多大，什么你都去演，不要定位为一个偶像，如果这样下去，你的生命就完蛋了。我听了以后把自己的形象就统统改掉，去演其他反派角色。然后就给市场定位为反派，因为当年电影竞争很激烈，比如刘德华那种，那种帅哥，只可能是这样，那你永远都是，你80岁都是这样，不可能变。还有就是当年的市场，你要去演电影，你就只能去演反派，而且反派的角色反而自由度更大。

南都娱乐：凭借《人肉叉烧包》里的角色拿了金像奖应该算是对你自己努力开拓戏路的一种肯定吧？

黄秋生：没有很开心，我从来都没有很开心。我拿了影帝之后都不知道是不是我的，没有party没有庆祝，什么都没有，访问到12点，饭也没吃，所有人都走光了，我就像个鬼魂一样，拿着奖杯在尖沙咀走，旁边也没有人看，好像新闻从来没出过。后来在一个小酒吧打电话给邱礼涛，我说我现在没吃饭我自己一个人，他说：“那好，我出来陪你，我也没看过那个奖杯，我过来好吧？”于是两个人就去喝啤酒。旁边的人在喝酒划拳，也没人看我们。

南都娱乐：那颁奖时候的热闹场面都是假的啊？

黄秋生：只有我是假的。像张家辉，他是每一次拿奖后都有party啊。我没有朋友啊，我一个朋友都没有，那个时候和刘青云都还不熟，只有邱礼涛，也不常见面。还有，那个时候跟李修贤搞成那样，怎么会有party？

南都娱乐：你跟他到底发生了什么事？

黄秋生：因为我没有签约嘛，其实是跟杨老板签，他是大哥，他也没有逼我签什么，从来没有。只是李修贤当年有点霸气，他想跟我签长约，当我经理人，但谈不成。我说我那个时候一年赚200多万港币。他说，那就太多了。我说那我一年赚200多万港币，我没理由签给你赚100万港币吧。那就不谈了，最后大家就翻脸。

南都娱乐：之后就被杨老板"封杀"？

黄秋生：他们之后有很多小动作。我不签了，又说杨老板"封杀"我。我记得是早上9点，记者给我打电话，每一个报馆都收到一份传真，说老板要"封杀"你，我想了几秒钟，然后讲出了我一生中最肉麻的话——杨老板是我的包青天。因为不合理啊，那么大的一个大哥，怎么会花那么多时间去"封杀"一个小演员啊，我是谁啊？虽然《人肉叉烧包》红了，但是我是谁啊？

南都娱乐：于是拿了金像奖衰三年？

黄秋生：我不是没戏拍。就是跟一些老板、传媒的关系越来越不好，因为有人给钱给传媒写我，说我在现场如何如何霸戏之类的，想把我搞死。

南都娱乐：什么人？

黄秋生：就是其中一个老板。我当时在拍他的戏，他说越给你搞成这样，你就越有曝光率，就越红嘛。这是个很笨的道理。哪有人喜欢这样的，谁会爱看？我们这个行业是个梦的行业，你把这行业搞成噩梦，谁会看？（那个老板现在还做这一行吗？）不做了。

这之后就慢慢走下坡路，拍很多烂片。那时候都是在深圳、广州拍，其实就是骗内地的资金。有些是某些老板喜欢某一个女演员，就找她过来吃吃饭之类的。因为那些钱，五六百万元对他们不算什么，可以跟女演员吃吃饭，说不定就有发展的机会。还有一部分就是所谓“片蛇”，骗内地这边某些部门领导，给他一些硬件，比如酒店或者公司，在你这里拍电影。

三级片制造者的苦楚
“邱淑贞是王晶爱将，不会脱的”

黄秋生拍的第一部胶片作品是邱礼涛的学生作业，此后又是他导演的《人肉叉烧包》送了黄秋生一座金像奖，而在跟着王晶“有饭吃饭有粥吃粥”的日子里，黄秋生也算见证了王导演制作的三级片创下过亿港币票房的奇迹。风光的时刻，那些三级片演员的内心苦楚，被选择性地遗忘，幸运的如黄秋生、舒淇，还可以把脱掉的衣服一件件穿回来，更多的参与者，则犹如尘埃泯然。

南都娱乐：你怎么看跟王晶的合作？

黄秋生：我病的时候，我运气最差的时候，王晶和我说，有粥吃粥，有饭吃饭，我一定会给你一碗饭。那时已经没有什么人找我拍戏，我就拍了他很多三级片。香港电影圈最困难的时候很多人都在打王晶的工。他一直有很多电影不停地在拍，其他人都没有了，老板都“死”光了，他还都在拍，很多人都是靠他生存下来。我最困难的时候就是拍王晶的戏。他不会给我特别高的片酬，但从来没有欠我一分钱。

南都娱乐：王晶拍的三级片缔造了票房辉煌，是不是还算有一定的质量保证？

黄秋生：质量就是肯定脱光。女孩子肯定露点。（没有一点艺术价值？）没有艺术性，就是有市场。最近哪一个最红就用谁，有什么话题就拍什么话题，《伊波拉病毒》就是他的。他也没管我跟邱礼涛，你们两个孙悟空想怎么搞就怎么搞，我们把他的剧本改掉，没关系，但他要求的最基本的得有，两场强奸的，露点的就好了。其他都是我们自己搞。

南都娱乐：那是不是所有三级片女演员都是没得选择？

黄秋生：有些是自愿的，台湾地区一些小朋友，她们知道什么，就是说给你当主角，以为是拍艺术片，到了才知道是拍色情片，是被骗的，她哪有什么想法？

南都娱乐：这样说来，片场岂不是很尴尬？有女演员不拍吗？

黄秋生：有女演员哭。还有一部片，是老板骗了一个以前很红，现在嫁得很好的女演员。（邱淑贞？）那是王晶的爱将，不会脱的。现在人家是有钱人的太太，不要讲人家名字了。她说她很紧张，我就在现场安慰她。整个过程里，她抽烟都抽得很厉害，很紧张。开始老板骗她可以去剪片，看了一天她有意见，第二天就不给她看了。当时是经常把摄影机放到她大腿上从下往上拍，她就很担心，问我看不看得到，我说你说呢？摄影师还让我脱她底裤，我说你先和她沟通清楚。后来用了个替身，全裸，她不在的时候就拍了。

南都娱乐：这样的气氛你们还怎么演啊？

黄秋生：我记得中间有场戏，是我要打她，结果她紧张到打了我一巴掌。在试戏时，她很重的一巴掌拍过来，我说你怎么回事，她就说你干吗打我，我说你没听到导演说吗？我就气得说不拍了，跑到旁边房间去。后来她进来，我说你让我冷静一会儿，你先出去。过了半小时，她过来说对不起，导演跟我讲清楚了。我说算了。（她）很可怜的。

南都娱乐：这样的例子多不多？

黄秋生：也有人是喜欢拍，很享受。李华月那些根本是自己就想，拍完《人肉叉烧包》后她打电话给我说："秋生，我有一个戏，我跟你是主角，可我们要真的做。"我就说，对不起，这不行。她就说：你不是艺术家吗？我说艺术家不是做这个。后来她就自己去拍了，只可以用恐怖来形容，据说她找了一个临时演员去演，拍完之后据说心理变态要看医生。

南都娱乐：拍这些戏的时候不用清场吗？

黄秋生：不用，问题是大家来的时候就知道来拍什么戏，成年人。没有人会盯着人家什么地方看，那不礼貌。我记得我拍第一部，因为环境很脏，夜里3点，我在片场，服装化妆都睡觉了，很热，我就脱光，反正都要脱光，我就在片场跑来跑去。

南都娱乐：有没有你自己拍得都受不了的镜头？

黄秋生：拍《人肉叉烧包》的时候，拍那个筷子就是邱礼涛想出来的，那个镜头根本不可能出，他说是李修贤说要拍的，李华月他们又觉得没什么。但那一次是我唯一觉得很脏的。

南都娱乐：你怎么看后来那些三级片？

黄秋生：说实话，我那个时候拍戏是不会正面全裸的，会剪掉。有一次是我抱着李丽珍，我要抱着她上楼梯，导演说你可不可以一边一只手抱着她，然后继续做动作，问题是我全裸也没用，肯定剪掉。不过后来很多电影就越来越过分，还特写。像吴岱融跟他老婆，就是签了约要拍，吴岱融很有义气，当时还没追他老婆，跟老板说，她全裸，我也全裸，我陪她，然后两个人就谈恋爱，结婚了。那时候就是要特写，很变态。

后烂片时代
“到了我们这个年纪要慢慢拍”

最坏的时代过去了，最好的时代尚未到来，但至少黄秋生的坚持迎来了杜琪峰、刘伟强等人的主流当道。如今，连他的革命伙伴邱礼涛也拍了《竞雄女侠秋瑾》，过去被动的演员黄秋生也熬成戏精，成为大众津津乐道的“人民艺术家”。

南都娱乐：有一种说法是，到了杜琪峰、刘伟强出来以后，撑起香港电影的主流，才迎来了你的时代。你认同这种说法吗?

黄秋生：可以说是跟他们配合得比较好。因为他们不会拍烂片，嗯，杜琪峰也会，刘伟强也……其实也会（笑），但是就是比例上没有那么多。我和他们合作的几乎都是好的。《东方三侠》里面我的角色不太多，可是很重要，虽然是很小的角色，都会有很高要求。

南都娱乐：他们是会给你讲戏的导演?

黄秋生：杜琪峰以前是有讲，像王晶是会提要求，我想这样，你看怎么演。后来杜琪峰都不讲了，他都是一句话，“你要怎么样? ”最经典的是我们拍《枪火》，我要拿剃刀杀人，两个人在讲对白，他说秋生等一下你就坐这，他就坐那，有一个剃刀放在这，你怎么演? 讲完以后就拍。最经典，真的没有排没有教。刘伟强也是，《无间道》和曾志伟那场戏，他机器摆好了，秋生你坐这，试戏，因为他知道自己的戏剧性不强，他最强的是画面，所以他对演员有经验，他也知道他自己不会，他让你演，他观察，他抓你的表情和所有动作。他观察能力很强。

南都娱乐：邱礼涛算不算你合作中最特别的导演？

黄秋生：他人也很特别。你知道他是小儿麻痹。他从来没有在意这个。他根本就是一个平常的人，有时候他走路跌倒，有人扶他。我说你们扶他干吗，这对他来说太平常，就像我们打个喷嚏一样。每一次拍完一个镜头他都要走在最前面。高的地方他一定要爬上顶。最危险的地方他也要第一个过去。

南都娱乐：你们俩是有革命友谊？

黄秋生：对，他是我的战友，而且我们当时政治立场相同。我们对社会有相近的观点，他是无政府主义。结果我们两人就拍了一部非常无政府主义的《伊波拉病毒》，伊波拉是有很多寓意的，你仔细看一遍，就会知道我们在里面放了很多隐喻。

【记者手记】

不是第一次采访黄秋生，但绝对是破天荒地听他如此详尽地聊起三级片的种种。这是一次真正的对话，不再是听一个人讲传奇，而是两种成长记忆交错对比之下的奇异反差，又顿觉围墙内外的不同。原本是我们津津乐道的、八卦的，甚至被上升到文化标签层面的那段往事，经他细述，几乎变成了潘多拉的盒子，一打开，只觉满目悲哀。还有很多故事，他说了，我没有办法用文字写出来，只因我想，经历这一次，如果仍对那一切用一种猎奇心态去记录，实在对不起秋生哥这一回的真挚剖白。

（采写／张燕）

印象：正面是小丑，转身是活明白的人

文／王洞洞

很多人一辈子在职业生涯中不一定会取得辉煌成就，但他却是生命意义上的一个大写的人。比如作为一个普通工人的男人，他可以在家是一个有担当、有原则、有品质的父亲和丈夫，在外面他可以是一个淡定平静的男人，工作只是他生活的一部分，在他一生中还有诸多层面，他可以做得非常好，不是有成就的那种好，而是完整、厚重、高大的好。

在我看来黄秋生就属于这种，演员是他的职业，但他的形象却常常取决于他那些演员之外的事。黄秋生是这个时代的“小”演员，配角和不入流的作品伴随其大半生，他的“说服力”不是靠那些生猛艳俗的作品，而是他累积起来的作品数量和曾深入时代背景下的那些画面以及传达出来的审美趣味。20世纪90年代初，黄秋生在《人肉叉烧包》中靠饰演变态杀人犯被人熟知，那不是一个常规意义上的好角色，但却是他的一次出彩的演出，靠精准、惟妙惟肖的表演，赢得了包括当年香港金像奖影帝等称号。

香港是一块新意不大的地方，在那里如果不去重复自己就意味着你很难维持下去，所以黄秋生不可能不去出演《伊波拉病毒》，重复、低格调、烂片这些都不是问题，重要的是黄秋生蹚过这些糜烂而腐朽的暗渠，还能走出一条属于他自己的演艺之路。在《太阳照常升起》里黄秋生抱着吉他弹唱显露其真实的一面，他写歌唱歌，对时事政治和艺术审美都有着自己的观点。你会相信他不做影帝，也会是一个大写的人。

黄秋生活明白了，这些在他的那些经典语录中都有体现，他称自己是“烂片出身的影帝”，即便曾经全裸出镜拍摄性爱镜头，也不影响他此后屡屡以锋利的语言击中时代要害的本事，反而前者的存在令后者更犀利了——因为你知道，这个世界，不需要人人都是所谓的正人君子，温文尔雅。

在经过20世纪最后两年的疯狂拍片之后，黄秋生顺利回归正常的工作生活。即便这个千年配角不能像任达华那种同时期同类型的演员如今已经可以主导作品，但至少也可以在《老港正传》、《桃姐》这样的作品里出演些合他胃口的角色，更何况还有《放·逐》这样的片子让老黄大放异彩。在经历泥沙俱下鱼目混珠的20世纪90年代香港电影时期，黄秋生是属于少数趟过这条河还能全身走过来的人，即便如今他算不上香港电影的一线男星，但他也在影迷和专业影人心目中有着难以企及的高度。

曾志伟

香港影视演员，中学毕业后曾任职业足球运动员，后辗转加入电影行业，最初担任龙虎武师。后来涉足编剧工作，并升任导演。加入新艺城后拍摄《最佳拍档》系列电影，大受好评。另外和冯淬帆、吴耀汉、洪金宝、岑建勋及秦祥林主演五福星系列电影，并参与王晶《最佳损友》系列电影，其尖酸的说话方式和“抵死”的对白令一众香港人印象深刻，另在任编导期间，曾志伟多次参与幕前客串演出，虽然只是些小角色，但也令香港观众无人不知曾志伟的名字。

★香港一代笑匠

曾志伟：拥有超然的“江湖地位”

自20世纪80年代始，在港片大爆炸的黄金时期，几乎每部喜剧的片头或片尾，你都能看到曾志伟这个名字，他承载着笑声、搞怪，刺激着我们骨子里千丝万缕的市井小人物情结，他是香港电影起落的亲历者、见证人。20年光阴弹指过，以武师出道的曾志伟，今时今日已是金像、金马双料影帝，他是现任金像奖的副主席，他可以直呼刘德华“华仔”，拥有超然的“江湖地位”。但在电影里，他一如既往地做他的万年绿叶，他侃侃而谈香港电影当年的盛况与“黑幕”，笑起来依旧保持着标志性的眯缝眼。他的人生准则，从始至终都烙上了港式的务实精髓：宁当鸡头，不做凤尾。

武师出道

“做演员还是因为人家需要一些卡通人物去拍喜剧”

曾志伟长长的一大串履历中，最开始，赫然写着他是以武师身份出道。殊不知这一重身份对他而言，最大的职责不是喊打喊杀的匪兵甲乙丙丁，而是戴着头套、胸罩替女生跳楼兼跳海的武替。

然而跳楼、挨打也并非全没好处，至少在香港电影即将迈入辉煌的初期，他机缘巧合，抓住了汹涌的时代大潮推送到眼前的，属于自己的机会——能够从万千艺人中厮杀出来，成就自己的“江湖地位”。机会与努力，向来都是同等重要。

南都娱乐：大家记住你的都是那些喜剧，尤其是内地观众，可听说你做过武师？

曾志伟：我第一份工作是足球运动员，后来去做龙虎武师，是因为跟洪金宝他们很熟悉，然后他们说你当作来玩玩不行吗，能跳嘛，又那么瘦（看看记者），我以前的身材跟你差不多。他们说，你就替女生吧，戴个头套，戴个胸罩，然后从楼上跳下去。因为女生不敢跳，我都是替女孩子跳，跳海啊，跳楼啊。这样大概过了三四年，才开始学编剧，当场记，当副导演，当导演。

南都娱乐：当时为什么会想进娱乐圈？

曾志伟：一开始是觉得好玩而已。不想踢足球了，觉得足球是用体力来赚钱的，30多岁就不行了，要找一个长期一点的工作嘛。当时对电影的感觉是，哇，能看到很多明星，很开心，而且觉得自己还年轻，可以多点选择和尝试，至于什么才是终身工作，另外再想吧。没想到这个行业是脚一踩进去，就拔不出来了。

南都娱乐：会不会因为外形条件不够高大帅气导致机会少一点？

曾志伟：那时候邓光荣给了我启示，他让我觉得，就算进电影圈，我也不可能做幕前工作，我不会是明星，因为明星都是180厘米，很帅气，天天在健身房锻炼的那种，哪是我们这种啊，我们最多就能当个导演吧。所以我一直认为，我就是属于幕后的，后来做幕前还是因为人家需要一些卡通人物去拍喜剧，但是我也没有想过会当男一号，所以一直都是做绿叶，配一些帅哥。

南都娱乐：但你还是跟美女有过合作啊。

曾志伟：有，但是永远都是被打的。我经常说，我都不知道原来我跟那么多的女艺人拍过一些亲热的戏，但是那些亲热的戏都是在做梦、幻想，下一个镜头就是被打一巴掌。

南都娱乐：不会觉得有点不甘心吗？

曾志伟：没关系啊，能够接近就好了。

金像奖影帝

“当你往上了一步，还要能退回来一步做事情才行，退不回来就很惨了”

香港电影圈向来流传一个魔咒：影帝衰三年。无数文武双全的金像奖影帝折于这一魔咒之下，唯独既不高大，也不帅气的曾志伟逃出生天。亦是第一次有人如曾志伟这般洞若观火。所谓魔咒，只不过是面子和膨胀的自信堆叠而成的禁锢。能上不能下，能张不能曲，固守阵地，何以称为大丈夫？他看过太多人一夕加冕，飘飘然不知所以，最后却坠入泥淖：“只是多了一个荣誉，不要因为这个就想涨价啊，觉得自己很了不起。”

南都娱乐：你1992年拿了金像奖最佳男主角奖，当时是什么情形？

曾志伟：那个是《双城故事》，那部戏比较难得，是我跟谭咏麟两个从影的代表作，纪念我们两个的友谊。我能拿奖，可能因为我在戏里的角色和演法是非常统一的。我一直在想这个角色就是我自己，因为那个戏的英文名字叫做《Alan and Eric》，是我们两个的英文名字，讲我们两个人的，所以做回自己就可以了。其实一个演员最怕什么呢？最怕有两三场演得很好，但是又有两三场演得很差，戏里面不统一。我在这部戏里就非常统一，因为我就是在演我自己。

南都娱乐：一直是演喜剧，但是演着演着，也能演出彩来。

曾志伟：我觉得是机会了，以前我也觉得我没有机会演文艺片的，因为我客串过一部戏叫做《女人心》，关锦鹏导演的，那时他第一次当导演，找我去帮忙，故意给我设计的出场方式是，女一号在跟我讲话，说是我们要离婚啊什么的，结果镜头推推推，到最后才反应过来，看到的是我。那场戏本来很感人，结果一看到是我，全场观众哄堂大笑，然后我就觉得，唉，想都不用想了，我不可能拍这类型的戏了。

南都娱乐：但演了那么多年喜剧，后来还是凭借一部类似文艺片的电影拿了影帝。

曾志伟：对啊，也是很难得。这也是因为我女儿的鼓励。我记得《英雄本色》上映以后，我女儿寄了一张圣诞卡给我，是《英雄本色》的封面，她说老爸你拍了这么多年的喜剧，能不能也拍一些像这样的有意义的电影啊？我那个时候就想，好，我必须要为我女儿拍一些她没想到的电影。结果1992年我拿奖的时候，我说这个奖是送给我女儿的。再后来我演《甜蜜蜜》拿台湾金马奖最佳男配角奖，我叫我女儿去帮我领的奖。

南都娱乐：你当时没有进培训班，演技是怎么培养出来的？

曾志伟：可能就是自己演戏演多了练出来的。我当演员是从20世纪80年代开始，1979年我就开始客串了，1981年、1982年那个时候就开始演“泡妞系列”，后来就是“福星”、“追女仔系列”等。一开始演的是喜剧，那个时候没有什么演技可言，都是用肢体语言，很夸张地去演。后来跟谭家明合作《最后胜利》，我演一个小混混。这部戏令我提名最佳男演员，但那年又遇到周润发，人家三部影片一起提名，我才一部，当然死得很惨了。但是因为那部戏，激发了我对演戏的兴趣。我常说一个艺人可能演了一生的戏，都不会碰到一个好剧本，很难得有些人可以碰到一两个很好的剧本，而且角色也铺在你身上，好，接着被提名了，还要看对手是谁，如果那年的对手很强，你也没机会。到了1992年，我演《双城故事》又被提名，这一次没有什么对手，最强的就是吕良伟的《跛豪》，所以就拿奖了。我觉得自己的运气还不错，而且几乎每四五年，就会出演一部大家喜爱的电影。从"泡妞"、"福星"系列，《最后胜利》《双城故事》《甜蜜蜜》，到《无间道》，这些都是观众很喜爱的电影，而我又获得非常好的角色，这是很重要的。

南都娱乐：拿了金像奖之后，片酬有没有增加很多？

曾志伟：其实拿奖跟片酬无关，而且以前还有一个魔咒，就是谁拿奖谁就没戏拍。

南都娱乐：听说是影帝衰三年，你有没有？

曾志伟：我还好吧，因为我不算是一个艺术片的演员嘛。以前都是艺术片的人在拿奖，但拿完奖还是没有人找他们去演商业片，但是他又想提高，就变得没人找他拍戏了。

南都娱乐：那你当时片酬一般是多少？

曾志伟：其实真的不高，因为那个时候拍戏，才三四百万一个戏，你能拿多少？拿个几十万港币已经很了不起了。

南都娱乐：但为何拿了奖以后，还是经常当配角？

曾志伟：我记得以前好多新导演来跟我讲，志伟哥，我要当导演了，有什么话要跟我讲？我说你做副导演做得很好，人家才找你当导演，但是，你要问自己准备好了没有，你问你自己，万一这个戏不卖钱，我能不能回来当副导演？如果你觉得你不能回来当副导演，你就真要再考虑。我看到很多人最后离开了这个圈子，就是因为他当完导演，觉得自己已经是导演了，就一直等着继续当导演，等到没饭吃。我们的很多武行也是啊，有人找他去演大反派，他演完反派以后以为自己是明星了，不当武行了，结果就没有人再找他演反派，所以改行了。所以当你往上了一步，还要能退回来一步做事情才行，你退不回来，那就很惨了。我们不是常常说宁当鸡头，不做凤尾嘛。

毒舌鼻祖
“黑社会害死电影人”

20世纪80年代，曾志伟曾有很长一段时期待在台湾，出演大量喜剧。彼时吴宗宪还未冒头，台湾主持界还是张小燕、张菲、胡瓜、澎恰恰等人的天下，而喜剧演员，几乎清一色是主持人。师承于他们的曾志伟，被整得很惨，但也由此奠定了偏向于台湾的主持风格——麻辣、敢言，反而为香港主持界带来新鲜的风气。然而成也萧何，败也萧何，直言不讳是他的人生标签，但也正是这个特质，为他带来了舆论上的压力，以及身体上的伤害。与此同时，香港影坛上方曾经笼罩黑幕阴影，更有因此受害去世的台湾演员，对此他首次一五一十详尽道来——那实在是香港影人最好的时代，但，也是最坏的时代。

南都娱乐：其实我觉得你本人是比较亲和的，但你在节目上有时候会比较犀利、毒舌，这算是你刻意要突出的个人风格吗？

曾志伟：我做主持有一个特点，就是我永远会站在观众的立场。比如我今天访问你，为什么你皮肤那么好，你平常怎么保养啊？那如果你回答说，我下午5点就睡觉了，观众一定说，有没有搞错，你神仙啊？但是没有主持人敢这样讲，我就讲啊，那观众就很开心啊。你不能让观众听你对嘉宾说，哦，原来这样，怪不得你皮肤这么好，这种很闷啊对不对？你得讲，哇，神仙呐，5点就睡觉，你平常不吃饭了是吧，吃香了是吧？这样才好玩嘛。

南都娱乐：媒体总是把你塑造成一种形象，说话很直、很冲，可能动不动就得罪人，当时一会儿说你得罪了郭富城，一会儿又说得罪了杨受成，真实情况是怎么样的？

曾志伟：哈哈，名字里有个“cheng”的都被我得罪了。没有，就是我比较敢言吧。其实我平常也是这样的，我觉得是好朋友，才会跟他开玩笑，如果觉得这个人不能开玩笑，我就尽量不开玩笑，不好玩嘛。所以自己有时候也会过滤的，比如做节目时都有几个主持人分工嘛，我就会挑，找一些跟我是好朋友的嘉宾来问，所以讲话就没有顾忌。

南都娱乐：但你也因为敢言、直言这个特质吃过一些苦头。

曾志伟：这个，这么多年总会发生一些事情，但是未必在节目里面啦，平常也都会有。不会说幕前是一个人，幕后就是另一个人，我觉得这样不好玩，我人就是这样，做人就是这样。

南都娱乐：你2001年不是遇袭？警方是怎么处理的？报纸也没有太多后续报道。

曾志伟：就没有了，就慢慢……因为事情都交给警方去处理了。

南都娱乐：警方没有给你一个说法？

曾志伟：其实他们也找不到谁是那个（袭击者），既然警方都没有找到的话，我也不想自己去乱猜，我觉得这样对自己也好，我这个人有一个好处就是比较容易放下，不开心的事情我会尽快把它忘记。因为你老放在脑袋里面会让自己很不开心，每天都迎着最开心的事情，人生能够面对希望是最好的，所以也就不追究了。

南都娱乐：我听黄秋生还有文隽都说过曾被黑社会逼着拍戏，你自己有没有？

曾志伟：以前几乎所有（港台）艺人都有过，这个在20世纪80年代末、90年代初到中期是很普遍的。我们为什么组织了演艺人协会？除了想帮我们艺人订一个比较合理的合约以外，第二就是为了控暴，不希望有暴力事件。大家团结起来才有力量，一个人可能应付不了。

南都娱乐：所以其实你也有被威胁过？是在哪部戏里面？

曾志伟：一定有的。很多啊，很多。比如以前我们在台湾拍戏，几乎每隔两天就要换酒店，为什么20世纪80年代后台湾没有人再拍戏了，就是黑社会入侵，还有台湾艺人因此而去世，是当时一个非常红的喜剧演员，许不了（有“台湾卓别林”的美誉），黑社会找他拍戏，用药物去控制他，结果过量……

南都娱乐：据朱延平导演爆料，你拍戏的时候也被黑社会罚站过……

曾志伟：不是罚站啊，我是被押走拍他的戏的，有人拿着武士刀来押我走，去拍另外一部片。以前这种做法很流行啊，我们都不觉得稀奇。

南都娱乐：当时黑社会入侵，很大原因是因为电影太赚钱了。

曾志伟：所以后来搞到电影不赚钱了。比如说现在刘德华是票房保证，大家就都来找刘德华，问题是黑社会不是真正在拍戏的，假如刘德华平常片酬要1000万港币，一些片商开出1000万港币，黑社会就用800万港币去找刘德华，自己拿200万港币。有些更凶，就给刘德华500万港币，自己拿500万港币。至于谁抢在前面找到他拍戏，那就要看谁势力最大了，谁先拍谁赢。

南都娱乐：就是说黑社会也会抢人？

曾志伟：对啊。比如说，《让子弹飞》前几年大卖，投资方就会去找姜文和周润发两个人再来拍一部，开出条件是，“每人3000万港币，你们帮我拍！”投资方本来以为自己当老板了，结果电影是被黑社会拿去拍，什么时候拍？第二天就拍，十天就拍出来，马上上映，那这个戏怎么搞？等到真正的导演想要拍的时候，市面上已经有10部以上周润发、姜文演的这种类型的片子了，谁还会再看呢？

南都娱乐：20世纪八九十年代那些很流行的黑社会片子都是这种背景下产生的？

曾志伟：所以就把题材都拍垮了。那个时候（受害）最严重的是谁呢？是林青霞，林青霞拍《东方不败》非常受欢迎，导致所有人都找她去演东方不败。这也是为什么台湾那时会组织一个电影大联盟，因为他们想制定一个先来后到的规则，谁先来报就可以先拍，就是想避免黑社会再抢（人）。但还是（不行），搞到台湾电影圈后来都没得拍。

南都娱乐：1997年以后黑社会的势力应该减少了？

曾志伟：现在没有这个情况存在了。可能是因为法制的（进步），而且现在电影也不是一定赚钱的行业。其实进入20世纪90年代，黑社会就开始抽离了，因为90年代那个时候股票和地产很赚钱，黑社会就转去做那些了。

南都娱乐：你们一家人现在都进了娱乐圈，有没有什么担心的事情？

曾志伟：没有啊，我觉得很好。免得我去解释很多东西，他们都在经历我以前经历的事情，比如说为什么成天不回家啊，很少机会跟亲人在一起啊，忙得不得了啊，种种情况他们现在都很了解，也明白为什么老爸以前都没有时间分给他们，反而话题也多了，不光是家里的话题，光圈里的话题都讲不完。

【记者手记】

采访当天，得知我可能需要45分钟，他有些为难，但仍爽快地将我带到咖啡店，与我神侃一个小时。他可以拎着一袋烧腊进入金像奖的发布会场，夹起几块肉随意地招呼我一起吃。而在咖啡店里他请我吃东西，详细解释都有哪些饮料，自己则点了一碗面，哧溜哧溜迅速吃完，埋单时经理笑容满面过来拍他的肩膀，称为他免了部分单，他大方道谢并接受。两天后，在聚集了过百艺人的3月11日日本大地震赈灾晚会现场，我见到了以大会组织者身份出现的曾志伟，极为认真严肃的另一面——无论任何行业，能脱颖而出的，永远都不是随便玩玩的人。

（采写／林楚捺）

印象：喜剧世界里的李小龙

文／邓晓琪

160，58，40，200……这组看上去有点莫名其妙的数字，放在曾志伟身上连起来是——身高仅有160厘米的他，一转眼已经58岁了，在他从艺40年的岁月里已经拍过近200部电影。

你大概很难相信，这样一个人见人熟的大众明星在年近60的年纪里还那么活泼可爱，甚至他的搞笑比年轻时更能作践自己；更难想象的是，他做了这行40年竟然还没有厌倦，至少他在我们面前是快乐的，而且是那种可以感染到人的快乐；最难以确定的是，他竟然拍了近200部电影，这个数字意味着他要平均每年至少五次出现在不同的片场，尽管这些他绝大多数是以绿叶身份出现的，但这个数字是连成龙这样的大哥也难以企及的。

曾志伟不是传奇，但他却是华人娱乐最活色生香之地香港的镇“港”之宝。你可以想象四大天王少了一个，你也可以接受银幕上谢霆锋、余文乐、古天乐、吴彦祖他们少了一人，但，无法想象30年的香港娱乐现场中少了曾志伟。他不但是华人喜剧明星中演艺生命最长的一位，也是这30年香港娱乐的见证人，少他一人，也就少了还能称得上活色生香的华人娱乐圈里的一种嬉笑打骂。

有人说曾志伟是小丑型的谐星，这个定位没问题，但他同时也是黄金般的谐星。不用冷眼客观地去罗列他那些经典的喜剧形象了，只需想想你所能一下子想起来的那些银幕或荧屏中的笑脸，他是否已经深入人心就已了然了。

曾志伟还是华人综艺节目的一把无形的标尺，他身上有一种放任尺度的快感，当别人畏手畏尾只能演些插科打诨的小角色时，他已经在主持的行当里注入了真性情。比如他曾在台上当众用歌声规劝肥肥不要再惦记离她而去的郑少秋，当大家还处在震惊中时，他便浑水摸鱼般将尴尬化解在与肥肥的打骂中了。曾志伟好像可以化解一切忧伤和尴尬，你永远要为他捏一把汗，又永远不必担心他会就此砸了招牌。

能把小丑做成黄金般的程度，同时也能将综艺节目里的谐星做到举足轻重一切尽在掌握之中的境界，曾志伟就是喜剧世界里的李小龙，尚无人能够取代。

许冠文

香港著名电影演员、编剧，第一届金像奖影帝。他的幽默和奋斗意识，激发自于钻石山木屋区追着运米车凿孔偷米的贫苦童年。中学入读喇沙书院，曾在中二时外出教授中四程度英文，在香港中文大学毕业后踏入影视圈，参与缔造香港电影繁荣。他与三个弟弟许冠武、许冠英、许冠杰都在娱乐圈各有所成，人称“一门四杰”。

★香港冷面笑匠

许冠文：许氏兄弟带领香港喜剧到了另一个高峰

10岁那年，许冠文随父母从广州到香港，是战后成长的新一代香港人。他带着西式教育的知识精英印记，参与缔造了香港20世纪七八十年代的流行娱乐文化。他身兼编导演数职，将粤语喜剧推向新境界；最早以独立制片人身份与大公司分账，贡献了许氏兄弟充满时代标志的港产电影。他还在玩票之际，开启了栋笃笑的风气之先。而这一切的背景，是20世纪60年代香港本土意识兴起，80年代电影黄金时期，“97回归”与金融风暴，合拍潮背后的港片褪色……直至近年大隐于市，他仍以冷面幽默的风格，笑看半个世纪香港社会的潮起潮落。

在港片里较早的喜剧《鸡同鸭讲》、《半斤八两》等，许冠文将自己的搞笑精神注入了这些作品中，如今他靠栋笃笑在舞台上依然可以把笑声带给这个时代。

粤语喜剧复兴者

“许氏兄弟跑出来，不是以前那样的，到了另一个高峰”

张彻曾说，一生最欣赏两个人，一个是徐克，另一个就是许冠文，他是粤语喜剧的复兴者。许冠文大学时家境清贫，跑到刚开业的无线电视兼职，闲时给趣剧演员编故事，因被人看中他“样子好笑”，于是与唱歌走红的弟弟许冠杰搭档本土粤语节目《双星报喜》，一炮而红。不久李翰祥回归邵氏拍《大军阀》，他候补出任男主角却有惊喜效果，在国语片中也尽显喜剧才能。经过前期积累，30出头的他写了剧本《鬼马双星》，从此许氏兄弟的喜剧电影，继李小龙的功夫片后成为新的热潮。他的粤语喜剧独到之处在于，有笑点也有章法，更有个人表演意识，用有思想的幽默讽刺代替了单纯的滑稽胡闹。

南都娱乐：你拍电影是受李翰祥的影响，还是本身有兴趣？

许冠文：《大军阀》打破了邵氏票房纪录，后来我又跟李翰祥拍了两部。晚上他跟我聊天，教我怎么剪接，明天拍摄什么又可以想一下。有时他很憎这个世界，就说那你明天就这么演吧，“他妈的×××××”，我觉得，咦，可以将自己对这个世界的愤怒、观点放进去，用摄影机拍出来，整个故事剪在一起，放在这么大的银幕给别人看，影响整个世界，这可能是我一生要做的事。以前我以为戏子就是做做戏，但其实不是，是有思想的，你的看法是可以影响到这个世界的，这很伟大。后来有一个新的嘉禾电影公司，我就去跟他们说我想做导演。刚好我弟弟（许冠杰）签了那里，他们就说你和弟弟拍一部吧。那就是《鬼马双星》，一出来就破了香港中西电影票房纪录，卖了600多万港币，我就一直拍到现在。

南都娱乐：香港在20世纪七八十年代，除了功夫片就是喜剧片最卖座，似乎通过你，喜剧又冒出来了，这跟当年香港社会环境、氛围有关，还是误打误撞？

许冠文：喜剧香港以前一直都有做，伊秋水、梁醒波那些，后来好像都差不多，（水平）就这样跌跌跌，没有什么新意。甚至那时候邵氏公司，（演员）从上海来的，讲国语的，很多喜剧都是差不多的了。许氏兄弟跑出来，不是以前那样的，大家就跟着，到了另一个高峰。但慢慢地，这套东西也很旧了，就有一些人像周星驰啊，就加了特技，像《功夫》，很好看，但也差不多。到大家都差不多的时候，就没用了，观众要看的是没看过的东西。

南都娱乐：《半斤八两》的片头令人印象很深，你做私家侦探，跟踪一个女孩，镜头对着你一双脚，走来走去带出了社会百态。

许冠文：我就最喜欢这些了，不用我演的，我的看法已经表现出来了。我最喜欢用电影的蒙太奇去介绍。

南都娱乐：当年许氏公司的作品，有哪部你最喜欢？

许冠文：我自己喜欢《半斤八两》、《鸡同鸭讲》和《摩登保镖》。尤其喜欢《鸡同鸭讲》，我认为除了笑之外，我还希望它能代表那个时代的特色，其实现在也还有，就是外国食物侵略中国，像麦当劳那些，我很有感觉。最初麦当劳那些来的时候，我想，“嗺”（粤语，浪费之意）气啦，我们的云吞面都比它好吃一万倍！啊，怎知麦当劳第一年来香港，生意好过我们所有的牛杂粉、云吞面。我有朋友是开店卖烧鹅濑粉的，居然要“执笠”（粤语，倒闭之意）哦。我就很大感触，写了一部片讲中西食物的斗争。

南都娱乐：早期的香港喜剧，有点浮夸但不够注重表演，也未必有自嘲意识，好像从你开始有变化。在你桌面上看到一本关于查

理·卓别林的书，他是你的偶像？

许冠文：是的，他是多数喜剧演员的偶像，我受他影响很大。他虽然只是用自己的身体演绎，但能用他的方法去演绎当时社会可笑的现象，让你觉得讽刺之余又很好笑，这是大师。我是学他的，你看到这个世界这么多可笑的事情，只是未必可以用这么好笑的方式演绎出来而已。他是用身体语言演绎出来，我用讲的方式，也可以用身体语言讲，到了后期，我自己觉得其实是两者已经混在一起了。

蛰伏20年

“现在喜剧没那么好看，导演还未设计好就要拍了”

许冠文一直强调自身的作者风格，但到20世纪80年代中期之后几乎要放弃导演，比如和高志森合作《鸡同鸭讲》，跟陈欣健合作《新半斤八两》，而在笑料和温情之间也有意向后者倾斜。而从1997年至2004年，他甚至没有以演员身份拍过一部戏。有人说过他江郎才尽，有人说他脱离现实，但在他看来，喜剧电影笑点从少到多，但越来越密却越来越不好笑，包括周星驰、王晶也身处历史循环。

南都娱乐：你怎么看后来周星驰的“无厘头”、王晶的“追女仔”系列，有内涵、斯文一点的喜剧，其实反而吃亏？

许冠文：没有什么吃不吃亏的，风格不同，路线都差不多。他们也是讽刺的喜剧，走比较大众化的路线，（笑点）很高密度的，有时你要笑得密一点，也要哗众取宠一点了。密度越高，就没时间让你去铺排，就不好看了。这么多年这些喜剧，笑点很密，但慢慢地，（人们）就不笑了，不是笑点密就可以了，因为没新意，你都能猜到。《让子弹飞》也在做这个密度，它也有故事，故事也不错。过去（电影）时时铺排很好，故事很好，看惯了这些，到许冠文出来的时候，说不好，增加一些密度。有一个时期电影就笑笑笑，笑了10年之后，人们回过头去说，对不起，我不需要（笑点）这么大密度，我先要一个看完之后感动的好故事，（笑点来得）慢一点都行，但要么就别来，一来就要正，不想硬笑。

南都娱乐：你说想再拍喜剧电影，但一直还没看到，遇到什么阻碍呢？

许冠文：我这么多年，偶尔跟别人一起拍戏，那是没什么个人特色的，真正有我特色的，是自己编、导、演的。许冠文作为编剧，看到这个时世值得讽刺的事，就很想讲；导演许冠文呢，他喜欢拍一些不是那么世俗的，幻想一点的；许冠文作为演员，又净是喜欢做喜剧，如果编剧想到不是喜剧的，他就不喜欢拍。这三个人经常斗争……其实跟你说话的是四个许冠文，包括老板也是我，他们三个都赞成，但老板认为太贵，不要了。到有一天他们（四个）都赞成这个故事，我就很有信心一定“掂”（粤语，搞得定之意）的。不然你会骂我：“好心你了，Michael，躲起来十几年，拍一部这样的东西，一点进步都没有！”难就难在这里了。

南都娱乐：这几年你也客串了几部喜剧，但未必是心目中理想的，你觉得有什么问题？

许冠文：没有新的做法。不是没有新的故事，故事成天都大把，《西游记》可以再拍，但你没有想到一个新方法。我觉得很多导演，不知为什么很赶着拍戏呢？总打好了算盘，找到两个明星肯拍，老板又肯投资，那就拍了它吧——不行的。

南都娱乐：可能是你有要求，有要求就麻烦了。

许冠文：聊得久了你就会发现，我真的把这（电影）当作是我的兴趣。想赚钱早就饿死了，这么多年才拍一部戏还不饿死？但如果无端端要我接拍一部戏，我会觉得很闷。虽然做演员很好玩，但如果我不觉得这个东西出来后会很吸引人，我就觉得很无聊，每天返工坐在那里，埋位，又是那些东西。

南都娱乐：这些年你跟自己打架，其实是导演或编剧许冠文赢了演员许冠文？

许冠文：赢了。很多朋友都成天说，你浪费了许冠文的青春。导演和编剧许冠文，你怎么想是你的事，你放许冠文出来做喜剧嘛，浪费了他的青春了，哪有中国演员20年拍几部戏的，笑死人了。我自己——这不知道是谁啦，哈哈，就认为创作，包括编剧、导演，是最大的，所以当年跟弟弟（许冠杰）说先分开，你先拍别的戏，刚好他在新艺城也破了票房纪录，那正好他继续发展。许冠杰真的是一个偶像，他的青春很重要，但哥哥三年不开一部戏……我是想10年都是差不多的东西，想创造新的。

南都娱乐：现在新的喜剧演员方面，也挺难找？

许冠文：好的演员已经很难，好的喜剧演员更难。但演戏行的人一般都行的，因为剧本的喜感在那里，桥段好笑，演员帮你做到而已。以前许冠文打香肠（《半斤八两》），是第一次有人这样调侃李小龙（耍双节棍），大部分喜剧演员做出来都挺好笑的了，周星驰、赵本山做都肯定好笑的。但现在是演员都不知道今天拍什么，导演只跟演员说要在厨房打架，让他想想怎样演才好笑——喂，大哥，你怎么能想到香肠呢？不是在现场能想出来的，怎么甩，怎么一拉又断了一截，是有设计的。所以为什么现在喜剧没那么好看，是因为导演还未曾设计好这些东西，他就要拍了。

许氏兄弟的香港情怀
“我们每天要吃皮蛋瘦肉粥”

许冠文说，1997年前后的那几年自己的“消失”，还因为身为演艺协会会长，常常带队上京交流，看将来香港电影与内地合作的可能性。他说其实所有的电影都是先为香港而构思，因为自己最熟悉香港。当年嘉禾把《半斤八两》发行到日本，先是跟着李小龙的功夫片放，放着放着，许氏兄弟喜剧居然大红。他早已意识到，讲香港可以但不能太狭隘，最好多讲共通的人情，观众自然会识货。28岁那年，他曾有机会周游日本、欧美，在飞机上写了一首思乡诗，后来由许冠杰谱曲成为《铁塔凌云》，那一度是香港“港歌”。

南都娱乐：许氏兄弟喜剧出来的时候，你主导故事，Sam（许冠杰）创作音乐，相得益彰，像《半斤八两》、《鬼马双星》很多都这样。

许冠文：回想起来，他的音乐天才真的很劲。到我写了剧本出来，可以拍了的时候，他说大概把故事讲来听听，结果从我开拍到完成那几个月里，他就会全部写完12首歌出来，包括一快一慢两支主题曲，一出就是大碟，歌又很符合戏的内容，真的很厉害。当时我还没意识到他原来这么厉害。他写歌词会问爸爸。爸爸的中文水平很高，以前很喜欢唱粤曲，很崇拜薛觉先、唐涤生，他经常骂我们：“唐涤生那些真的没得顶，你们真是那些不知所谓……”

南都娱乐：像《新半斤八两》的《话知你97》也很有趣。

许冠文：他认为要“话知你97”，97是不紧要的，那现在是没事啊。

南都娱乐：你们有想过移民吗?

许冠文：很多朋友有，但我从来没想过。Sam的太太是外国人，但我和Sam一样，很难在外国住下来的，因为我们是很广东的，现在我们还是每天要吃皮蛋瘦肉粥、油炸鬼的人，怎么可以在外国住？吃一顿西餐都想死。所以没考虑这个问题。有一个时期我的儿女也在加拿大读书，也有过去看他们，那是度日如年的日子。很奇怪，我又会英文，又看百老汇的戏，但是（住外国）又不行。而且时时见到鬼佬在周围走，不是很习惯那种场面。很奇怪的，Sam尤其是这样，打死都不肯吃西餐，要吃很地道的，最好是鱼肠蒸蛋、及第粥。但他怎么可以娶个美国老婆呢？爱情的事很难说，那又是另一回事了。

南都娱乐：你们的作品跟香港社会息息相关，喜剧看背景就很有年代特征，人们在做什么，社会流行什么，Sam的歌也是这样，有时代印记。但现在看很多作品，大概知道是哪个年代，但看不出来大家在想什么了。

许冠文：现在更甚了，现在唱歌都企图“内地化”，应该的……渐渐地，因为800万人跟13亿人是没得比的。邓小平设计“50年不变”，其实也不用50年，（香港）现在的事物也变得挺内地化的，本土文化就少一点。

南都娱乐：本土文化影响减弱，对做喜剧有影响吗？

许冠文：有的。2011年乌迪内斯电影节，放映了我四部戏，安排了三天记者访问，大部分的题目你猜问什么？他们说香港电影好像没了以前的特色，会不会是太迁就内地市场。我说，是有这个趋势，但我不会这样。他们问我，你想描写什么。我说香港以前没有、现在有的特色，我们现在在香港电影里看不到，将来我的电影一定有这一幕。

栋笃笑祖师
“我跟黄子华是一派，靠讲话”

许冠文能言善辩，但最爱电影，所以栋笃笑只是他的一个爱好，尽管最早涉足，多年却一直未专场演出。对于栋笃笑，他是匆匆开风气之先的祖师，真正取名立派、发扬光大却由黄子华完成。两人皆为单枪匹马的净讲类型，私下也惺惺相惜，黄子华犀利痛快，而许冠文的历史感更强。6年前，第一次在红馆做栋笃笑，许冠文历数香港各时代集体回忆，当时新任特首曾荫权等高官都是座上客。

南都娱乐：印象中你很早就讲栋笃笑，但为什么只在颁奖礼偶尔讲一段？

许冠文：其实在《双星报喜》就开始做了，那时候还不是大规模，又经常扮鬼扮马，好笑就拿着麦克风讲。后来我集中做电影，就在颁奖礼争取那两分钟的机会，其实已经在做栋笃笑了。以前我也去大学、晚宴，经常讲15分钟、30分钟，但你见不到而已。直至2005年，我们就说不如玩一次吧，我在红馆对着一万多人讲，还是第一次。

南都娱乐：关于栋笃笑，其实你已研究了20多年？

许冠文：20多年前我去美国纽约，偶尔看到stand up comedy

的，一个人站在台上讲笑话，逗你笑一个多小时。歌剧（门票）收80美金，它也收80美金，我想这么厉害，如果我不笑是不是就“回水”（粤语，退钱之意）？看了以后，真的每个人都笑，第二晚再看，一样是笑。我是很喜欢讲话的人，知道对着这么多人讲话已经很难，要不停地逗人笑，还要收人家的钱，不笑就被喝倒彩，怎么下台呢？后来我跟黄子华聊天，我称他是“自杀式的表演”，因为够胆走上台去，原则上你是想自杀，一个人讲话，没有人走上去帮你。我很佩服那些人，所以当年买了很多名家的书，去学东西。

南都娱乐：*在栋笃笑的传统里，你属于哪个派别？*

许冠文：原则上分两派，我跟黄子华是一派，净是靠讲话，讲对这个世界的看法。人们买票进来，会觉得你对这个世界的很多看法很有趣、好笑。另外一派，就是扮鬼扮马，又化装又扮女人的，有的人很厉害，像张达明。我跟黄子华那种，原则上是衣服都不换的，故意没有其他东西，表演的难度很高，一点儿花哨都没有。欧美主流中，仍然是靠讲话。

南都娱乐：*以黄子华为代表的几位后辈，你常跟他们交流吗？*

许冠文：有，我跟他们每个人都是老友记，几十年了。尤其是（黄）子华，还有（张）达明、阿Jan（林海峰）啊。Jan十几年前就跟我说过，希望有一天做栋笃笑就好了，他一直训练自己，直到前年才做。栋笃笑其实只讲一件事，就是他对这个世界的观点。阿Jan、子华和我三个比较像，不过Jan近期的演出我都看了，他想要更多人看，又唱歌跳舞，又大场面，又有伴舞者，果然就做了很多场。单讲是很难的，有些人不习惯听这么长的讲话，大部分人拖着一家人来，当然希望有多点东西看。但是我喜欢栋笃笑的原因，是它本来是一个美国的文化，单人匹马就出来讲自己的观点。

南都娱乐：你算是香港栋笃笑的不出面的始祖。对了，2005年你做第一场栋笃笑，黄子华去了吗？

许冠文：去了。其实对着这么多人讲栋笃笑，不是黄子华抄我，是我抄他的。从他第一场在伊丽莎白体育馆开始，场场我都在，从300人看到3000人，每次结束后只有我一个去看他。你知道他很寂寞的，一个人走出去要面对（观众），要自己养一下神，你进去跟他聊什么天呢，但完了之后，他都在后台见我。我上次（栋笃笑）结束之后，他也到后台来见我，一进来就说："哇，你不要讲那么长，你都讲完了我没得讲啦！"哈哈哈，很好玩。

【记者手记】

坐在我对面的许冠文，没看出来年近70，深思过后总语速奇快，一句话有时有多种表达，高兴起来手舞足蹈。这位冷面笑匠，曾被女儿说一点不冷面，但他又说不知为何总被认为很好笑，自己其实是个严肃的人。他被认为是娱乐圈的知识分子，最初入行坚持不演戏，因为父母认为做"戏子"不入流，结果许冠杰和他，一个唱歌一个做戏，命运使然。

（采写／叶晓萍）

印象：这个笑面不太冷

文／柯庆文

说到许冠文，就不能不提到许氏四杰。这个一开始抱团前进，到最后因为在各自领域皆有所长，不得不花开四朵，各表一枝的血缘四兄弟，恰恰代表了香港文化从家族式团体作战到各自独当一面的历程。一如成家班、元家班，一如秦沛姜大卫尔冬升，更一如无线五虎，许氏四兄弟也是见证这个历程的最佳人选之一。

而许冠文是大哥，是更贴近老香江文化兴盛伊始的代表人物。1972年，许冠文已经30岁，正是男人功成名就的时候。而对于许冠文来说他的大银幕之旅才刚刚开始。迈的这一步却是很大的一步。大导演李翰祥回归邵氏的第一部作品《大军阀》就请他做主角，并且奠定了他“冷面笑匠”的坚实基础。

大器晚成的许冠文表演风格不做作，不糟践自己强求喜剧效果；相貌不算出众的他斯斯文文，总是戴副金丝眼镜，但他越是不笑，越是让人忍俊不禁。“冷面”由来于此，但身处电影事业已经越来越“华丽”，电影剧情越来越“洒狗血求魔幻”的今天，我们反观许冠文和他编演导的作品，这个“冷面笑匠”的“冷”却反映出了相对于这个drama至死时代的异常热度。

为何这么说？从我们这个时代真正的“冷笑”说，例如黄子华栋笃笑就是真正的一声冷笑，是对于浮华世代下的种种不堪压力和惨淡经营的揭露。而许冠文除了《大军阀》中的土匪头子变身大军阔还算“威水”（粤语，厉害之意）之外，接下来一路走低，都是小人物。这种小人物相对于兄弟许冠杰在他片中的角色来说总还算是些许地位，但就是这种地位令他更加尴尬甚至略显猥琐。许冠文的表演和剧情深深地影响到了高志森和周星驰，但后两者的小人物总有突然“爆种”大发神威的地方，而许冠文就是只能解决一个又一个的“茶煲”（trouble），在制造“笑果”的同时无奈地向观众交代。

这像不像是饮茶吃包的时候，一个老街坊跟你娓娓道来的心声故事？这种左邻右舍的亲和感和人情味是许冠文获得成功的重要因素，也是被这个时代无意错抛的经典文化。总有一种暖意在心头让你会心而笑，但我们现在更需要的是发泄自己重压的连声爆笑。

在剧情编排上，许冠文的作品也和真正意义上的“冷笑话”有所区别。从《鬼马双星》到让他获得金像奖最佳男主角的《摩登保镖》，许冠文在剧中总是麻烦百出，穿插许多小误会，可算是热闹非凡，绝无冷场。这种热闹不同于时下无事硬搞出事情的整蛊作怪，以及铺垫多时然后给你一个黑色幽默的剧情，或许更加自然。但是我们的眼界已经太宽广了，生活已经够繁忙和多线，需要“冷”下来不给自己添加烦躁。相对而言，现在我们比许冠文太过“热气上火”了，就难免有些抗拒这个“冷面笑匠”给予我们实际是很贴心的热闹。

一直到后来的《煎炸三宝》和《宝贝计划》，许冠文坚持着自己的风格几十年，已经成为一种智慧一种标志。冷中带着暖热，带着友情亲情

的坚持，必将升华为一种人生大智慧。随着三弟许冠英的逝世，许氏四兄弟这种情感这种方式可能会在时代的气息中越发淡化，但它将永不消逝。

郑少秋

香港著名演员、歌手。1967年主演首部电影《黑煞星》，1970年加入TVB，开始主演电视剧及发行个唱专辑。1976年受梁淑仪、王天林赏识主演《书剑恩仇录》，轰动香港及东南亚；1979年主演《楚留香》，后以该剧风靡台湾地区；1993年因主演《戏说乾隆》为内地观众所熟知。

★香港第一大侠

郑少秋：电视史上总喝“头啖汤”的人

跟郑少秋的缘分还始于未做记者之前的粉丝年代，随着TVB越来越多地北上拍片，终于可以不用麻烦的通行证，便能跟陪伴我长大的电视明星近距离接触，虽然那次见面的结果是一句话说不出来，被强有力的电流电得手直抖，没有拍出一张像样的照片。关于郑少秋的个人掌故，八卦的、野史的，都了然于胸，因此，这次对话，最吸引我的是他经历的那些电视史，因为他的故事正是电视剧从辉煌到式微的过程。现在，我们选择多了，香港电视，还拿什么来吸引我们呢?

出身书香门第的郑少秋，是当年无数怀揣明星梦的愣小子中的一员，通过参加演员训练班进入娱乐圈。他赶上了邵氏粤语电影的尾巴，又搭上了邵氏新王国TVB成长的列车，是香港电视史很多第一次的见证人：电视台之间的五台山大战，金庸武侠小说大侠代言人、《楚留香》引发的台湾武侠剧风潮、《戏说乾隆》开创的历史戏说剧先例……如今，当戏说剧、武侠剧占据银屏，香港TVB已开播40年，台湾地区电视呈现多台林立的繁荣局面时，却难再寻回当年遥望“秋官”的悸动，一切皆是，时也，运也。

粤语片时代

“萧芳芳赶戏赶到晕；只吃一碗云吞面的时间戏就拍完”

郑少秋的娱乐事业从电影圈开始，但他赶上的只是旧时粤语片最好年代的尾巴，“七日鲜”拍摄模式已使得粤语片积重难返。从电影到电视，他不是电影圈的英雄，却成为电视剧的大侠，在他的身上，足以见证电视界的武侠传奇。

南都娱乐：很多人都知道你是电视剧大侠，其实你也赶上过邵氏粤语电影的尾巴，那时候当电影明星容易吗？

郑少秋：不容易，像我就是没机会也不死心，一定要当明星，参加了南国训练班，以为能拍电影了，但其实就是当临记，机会也不多。可那时也要讲关系，我跟领班的关系不好，他给我的机会不多，除非一定需要用人凑数时才找我。所以我在邵氏是没什么声音的。后来，香港搞一个地区性的话剧比赛，我是代表尖沙咀那个地区的街坊福利会比赛，拿了最佳男演员奖。庆功那天，坚城电影公司的老板就约我到他办公室面试，然后就试镜。试镜以后，导演就说，可以了，签约。那就签了，于是我就成了个所谓的电影明星。

南都娱乐：你拍电影那阵，最红的电影明星还是萧芳芳和陈宝珠。

郑少秋：粤语片她们是最当红的了。陈宝珠跟萧芳芳是两大花旦，两人之间真好像在争一日长短，她们拍的时候根本不分日夜。我记得有一天跟萧芳芳对戏，可她是很多组戏一起赶，实在累得不行，我就亲眼看到她拍着拍着，整个人突然就直直地晕过去，跌倒在地上。

南都娱乐：当电影明星待遇好吗?

郑少秋：哎呀，不行不行。一开始是250港币一个月，然后每年再加50港币，一签就五年。每个人都是固定薪水，公司说多少就是多少。但我是抱着很大的希望，感觉自己有明星的光环。我出入都穿笔挺的西装，还系领带，出入都要坐轿车，不能坐公车。像我自己没车，就坐计程车，花费也蛮大的。

南都娱乐：可你这电影明星没当多久，粤语片就走下坡路了。

郑少秋：对，那时粤语片已经做了很久，因为这个片种受欢迎，所以变成“七日鲜”的制作模式，就是七天拍完一个戏。行内有个说法，导演一喊camera，若你去吃个云吞面，等你吃完回来，戏都已经拍完了。粤语电影本来就有语言局限性，制作上又变得粗制滥造，而国语片制作费高，又要用心去革新，所以，大家就没戏拍了。像我跟公司签了五年电影约，但其实就拍了两年，剩下的时间也没工作，公司让电影明星去国外登台表演挣钱，我就免费陪萧芳芳还有高远的太太陈思思去新加坡登台，一个子儿都没有。等到台湾地区的歌厅风气吹到香港，我就挟着一个电影明星的头衔去当歌星，到歌厅表演，唱些时代曲，一次能拿1500港币，待遇已经算很好了。

大侠时代

“用来‘打仗’的戏都找我；拍《楚留香》拍出肝病”

粤语片没落，电影明星不好做，郑少秋在歌厅表演时受到TVB的蔡和平赏识，被他邀请加盟TVB，从而赶上了香港电视史上“打仗”的年代。1976年，郑少秋出演《书剑恩仇录》，成为TVB电视史上第一个金庸武侠小说男主角，奠定了他TVB第一小生的地位。也因为这部戏的成功，令电视剧史上开发出新品种——古装武侠剧。

南都娱乐：*在你出演《书剑恩仇录》之前，当时电视台的环境是怎样的？*

郑少秋：当时TVB分戏剧组跟综艺组，戏剧组是钟景辉负责，综艺组交给蔡和平，我就是签给综艺组下面的《欢乐今宵》，一个礼拜演出五天，都是现场直播，有时候还有特别节目，周六日也不休息。所以要是戏剧组需要我去演出，就得问综艺组借人。不过在《书剑恩仇录》之前，电视台制作的电视剧都不长，都差不多两三集的样子，10集电视剧就是很厉害的了，所以一般顶多两天就拍完了。

南都娱乐：*所以《书剑恩仇录》才会引起那么大轰动？*

郑少秋：对，TVB从来没有拍过这么长的一个武侠电视剧，是头一回，而且我一个人还分饰三个角色。这部电视剧很长，一共90集，这对观众的影响蛮大的，加上主题歌也是我唱的。记得当时播出时，有一次正遇上台风，没有其他电视节目可做，他们就把整个《书剑恩仇录》一段段重播，香港人就说整个晚上都听到我的声音、我的歌。

南都娱乐：《书剑恩仇录》一开始就定了你来演？

郑少秋：不是，很多人都去试过镜，大家都在议论，都很希望能演这么大的戏。我那时还忙着外出登台，都签了合约，也没顾上。可能因为我之前在TVB演过不少类似民间传奇的古装戏，结果梁淑仪（当时TVB节目部经理，现香港旅游发展局主席）觉得还是我的扮相好，所以一定要我演。我也因为这部戏奠定了所谓TVB第一小生的地位，之后每部大制作，用来“打仗”的戏都找我参加。

南都娱乐：为什么把当时的情况形容成“打仗”？

郑少秋：那时候香港有几家电视台嘛，比起现在TVB播什么观众都看，当年的竞争是很激烈的。我记得1979年拍《楚留香》那阵，电视台就是临时召集开会，部署战略计划应急，大家形容成这是拿来救市的戏。当时跟我们打对台的是亚洲电视，他们也要播楚留香，只是把名字改成《盗帅留香》，我们是《楚留香》，然后每天晚上同时播。他们还会事先探听消息，打听我们今晚这集播什么，他们就早一点把那个剧情播出来，逼得我们只能不按照小说内容来，自己编自己的。

南都娱乐：在这样紧张的竞争局面下，你们拍戏的气氛如何？

郑少秋：就是感觉没时间，所以剧本都是临场飞，其实这种“飞纸仔”的状况不是现在才有的，早在《欢乐今宵》的时候就出现了。因为每天做，不可能一早就有剧本给你看，都是每天到现场拿给你，好一点的话还有个准备时间，不会即看即录。但像《楚留香》这样“打大仗”的，真是通知你，下一场是你了，就马上飞纸过来，赶时间。记得拍《楚留香》之前，我还接了电影公司的合约，要拍一部电影叫《名剑》，谭家明导演的。可TVB要“打仗”，我只能两头走，电影不能停，电视不停拍，结果就有了肝病，每天都手软脚软，可我还得坚持把电视拍完才去住医院。

大时代
“我去到每一个地方都碰上最好的好时机”

郑少秋创造的电视角色，除了角色本身经典外，戏外引发的话题更是为人津津乐道，《楚留香》在台湾地区造成轰动，《大时代》在香港股市上有“丁蟹效应”，《戏说乾隆》在内地引发清宫戏说潮流。这些电视传奇虽然有运气之嫌，但不可否认，当年TVB正处于它锐意革新进取的年代，面临的是需要救市之作应对竞争局面，具有严谨的态度和高涨的热情，因此电视剧佳作不断。但郑少秋也承认，这些故事都已过去，如今的电视因为缺乏竞争变得越来越奇怪。

南都娱乐：1981年，台湾播出《楚留香》，到底有多轰动？

郑少秋：疯了。因为以前台湾没有这种拍法。大家都迷上了，不能停，当时只有三个台，都抢着去播，收视率超过70%。还有个笑话，我们那个主题曲啊，连送葬的也要唱。因为他们习惯人走了以后，都要把他放在家里一个地方，然后搭台唱歌，做得热热闹闹，结果在那个地方也要唱“千山我独行不必相送”。后来我去台湾宣传电影《昨夜之灯》，整个西门町都被粉丝堵满了，我动都动不了，很多朋友说，我只能看到你的屁股。

南都娱乐：你怎么看由你带起的这几股电视风潮？

郑少秋：其实我的运气真的不错。《书剑恩仇录》在新加坡也是第一轮，我在新加坡夜总会登台，加了位置还不够，站票都要。《楚留香》在台湾是开创它们武侠电视的先例。然后在内地，《戏说乾隆》也是头一个，因为过去的历史剧，凡历史人物都不能这样写，《戏说乾隆》刚好碰到电视开放，大家能接受了，观众耳目一新。很多人写信说没想到乾隆能这样谈情，我记得有的人说他看了之后感觉蛮飘飘然的，没试过这样的感觉。所以我觉得我好像去每一个地方都碰到了最好的时机，我们叫喝了“头啖汤”。

南都娱乐：但这种造成全城效应，甚至华语圈轰动的香港电视似乎越来越少了？

郑少秋：现在拍摄技术好。像我们当年拍《楚留香》很多内景戏，明明是武侠片，可你发现没有，楚留香连马都没得骑。现在再拍武侠剧，都是拉到内地，好山好景，又吊钢丝，还有航拍，可电视却变得越来越奇怪。香港真的是一个很畸形的地方。地方小，人口少，电视台又一台独大，没有竞争，就变成TVB跟观众好像有感情在，观众对它，已经什么都OK，就算它不好，唉，也只能看它，就习惯了。

【记者手记】

跟郑少秋一起回忆电视史上的点点滴滴，聊那些风云岁月，恍如隔世。郑少秋说TVB有大制作，还是会找他去演，可就在2007年7月，庆祝香港回归10周年，他却选择出演内地制作的《荣归》，而非TVB的《岁月风云》。在人们集体唏嘘香港电影是如何没落的当下，同样曾经辉煌的香港电视也折射出人到中年的无奈感，出身TVB的杜琪峰就曾怒其不思进取。如今的郑大侠还是风流倜傥，但江湖已不是当年的江湖。当你听到越来越多的新一辈电视艺人讲那些懒音粤语对白时，你大概会跟我一样怀念郑少秋们字正腔圆的发音，还有那个人才济济的光荣年代。

（采写／张燕）

印象：古装大侠之巅峰形象

文／徐江

头一次看郑少秋的表演，是在20年前的录像带年代。那是一个暑假，去老同学家，也不知道他从哪儿翻录了郑少秋的《楚留香》在放。不久便听到另一个在美国待过的朋友说，他在国外时，当地的华人电视台也在播《楚留香》。那时候，内地武侠迷还只认梁羽生和金庸，不怎么知道古龙。

说来也怪，在电视剧集上一红就是30年的郑少秋，最早却是拍电影出道的。而在他的演艺生涯中，真正让他第一次赢得众人瞩目的，则是1976年拍摄的电视剧《书剑恩仇录》。郑少秋在剧中以一赶三，分饰陈家洛、乾隆、福康安三个角色，终于成为名艺人。加上之后连续成功出演武侠剧集《陆小凤》《倚天屠龙记》《楚留香》等，从此成为观众心目中最理想的古装大侠。多年来，郑少秋除了被媒体常用的“秋官”这个外号外，还有“大侠秋”的叫法，估计也就是这个缘故。

作为艺人，郑少秋有其“幸”与“不幸”。“幸”是港台早年间的古装“大侠”，今天年轻观众还能提及的，只有大银幕的狄龙和电视荧屏上的郑少秋。而郑少秋自《楚留香》以来，30年演艺地位始终不降，成为不折不扣的常青树。内地不少观众认识郑少秋并不是靠楚留香，而是靠后来的乾隆（《戏说乾隆》）、丁蟹（《大时代》）、徐永邦（《天地男儿》），这份荣耀显然又不是狄龙所能比的。

郑少秋之“不幸”有二——一是跟同为名艺人的第二任妻子肥肥的聚散，搞得终身不得安宁，“负面效应”无可逃遁；二是戏路较早被观众和电视台定型，往演技派努力的路基本上被堵死。香港这半个多世纪演艺界对演员的培养，不像台湾地区、内地这样依托于艺术院校和舞台剧根底，他们倒更接近于焦菊隐当年为北京人艺规划的那种取材于中国戏曲的生、旦、净、丑式的分类、组合。郑少秋大约更靠近文武老生，正面人物是铁定的。即使他想去演反派，或者心理扭曲、裂变较大的角色，大多数观众也会觉得怪怪的。所以即便在塑造“丁蟹”上取得那么大的突破，时人最后津津乐道的，也不过是股市上的“丁蟹效应”。

不过，审美类型化也有它安慰人的一面。至少我们现在已经知道，在塑造英俊潇洒，偶尔还流里流气的古装大侠上，后人是很难接近郑少秋了。大侠高于影帝——这句话在别人那儿估计要打折扣，搁在郑少秋身上，却绝对实实在在。“大侠郑少秋”与“赌徒谢贤”“大哥邓光荣”“英雄周润发”“劳模刘德华”一样，都已成为过往香港电影依旧活着，且无法复制的传奇。

谢　贤

香港电影及电视演员，因在家中排行第四而被行内人称为“四哥”。从《神雕侠侣》到《再生人》等经典卖座电影，从《千王之王》到《万水千山总是情》等一系列电视剧，谢贤作为香港影视圈活化石，见证着香港影视的辉煌与热闹。

★香港影视圈活化石

谢贤：霆锋是我代表作，Lucas必入这行

谢贤年轻时，以高大威猛、靓仔的形象入行。

谢贤，1936年生于香港，祖籍广东番禺，原名谢家钰。因他在家中八兄弟姊妹中排行第四，故被圈中人称为“四哥”，也被老一辈艺人称为“阿肾”。1953年考入岭光公司演员训练班，翌年转投迪华公司，拍了首部电影《楼下闩水喉》。1974年，与琼瑶女郎甄珍注册结婚，但在两年后协议分居。1979年，谢贤加入TVB，并迎娶第二任妻子狄波拉，1980年儿子谢霆锋出生。

他是香港娱乐圈大半个世纪的最好见证人，经历并见证了从粤语片到国语片、从黑白片到彩色片的时代变化，在香港两家最大的电视台都拍过戏，他还自己开电影公司身兼编导演。他被认为是花花公子，曾与港台娱乐圈的四位大美人谈过恋爱。他是明星家庭里的老大，但儿子谢霆锋、儿媳张柏芝如今比他更有名。他的人生极尽精彩丰富，玩世不恭却原则分明，心态豁达又极重仪表，是老一辈艺人中的有趣典型。

穷小子红遍了东南亚

“公司几乎靠我卖座赚钱，同事买了六间戏院”

20世纪50年代，10多岁的谢贤考进了电影公司训练班，他的第一份工作就是拍电影，从此和娱乐圈结下了一辈子的缘分。资料照片和黑白电影中的年轻谢贤，眼角眉梢和谢霆锋几乎一样，但当年谢贤还稍健壮些。在大银幕上，他更显出一种挥洒自如的风流倜傥。他毫不谦虚地承认当年红遍东南亚，而这种魅力即使放在今天，作为一线巨星似乎仍绰绰有余。

南都娱乐： 当初你怎么会入行拍电影呢？

谢贤： 因为那时候家里穷嘛，（你祖上不是很有钱吗，在广东番禺开银号的？）那是祖上嘛，我爷爷那一辈以前很有钱，后来打仗逃难就什么都没了。我不喜欢读书，于是就去考演员，其实我又不看戏的，总之误打误撞进去了，哈哈。面试我的是林翠和秦剑夫妇，后来秦剑成了我的恩师。

南都娱乐： 同辈的萧芳芳、陈宝珠她们一出来就光彩照人，你却属于熬出来的？

谢贤： 她们是童星出身，怎么一样呢？我那时是“海上无鱼”嘛，总之男人高大威猛、靓仔就行了。我刚出道也是傻傻的，拍第一部戏《楼下闩水喉》时，我才10多岁，又高又瘦。我这辈子第一次赚钱是拍电影，所以我对电影界是很有归属感的。拍了第一部戏有100港币薪酬，那时候不少了。又过了一段时间，有导演来敲门，说要和我恩师秦剑拍《三妻奇案》，我又去了。演戏要靠经验和智慧，你以为个个会演？拍得多就行了。

南都娱乐： 进入光艺公司后你开始走红，怎么看待成名和赚钱?

谢贤：那时秦剑和新加坡姓何的商人，在新加坡租了一间戏院，成立了光艺电影公司，也把我签了。我在光艺待了14年，拍了一年多，到第三部戏《九九九命案》就开始走红。我可以说是粤语片第二代，第一代是红线女、张英、吴楚凡、张活游，我出道时他们已近中年退休，娱乐圈要的是高大靓仔，我就冒出来了。拍到第五年，我的薪酬从第一年的150港币加到550港币。后来别人说你随便拍点什么都可以卖钱。那时全东南亚片酬最高的就是我，20000港币，当时一万几千港币就能买一套房子。公司几乎靠我拍戏卖座赚钱，某个同事买了6间戏院，华达片场他也有份的——很多人以为那是曹达华一个人的，其实曹达华哪有这么多钱。

南都娱乐：成为炙手可热的粤语片小生后，你的生活变化大吗?

谢贤：我那时真的不知道自己有多厉害，也没有顾得上去骄傲，我只顾着玩，赚的钱都是用来买车、买游艇玩。我是全香港第一个买游艇的艺人，还有水陆两用车，当时全香港没人有的，我买了两部！我这个人就是很贪玩，到现在还是一样，只要是我喜欢的、买得起的，我都会买。我真的很豪爽，有钱就用，用完了就回公司拿，我自己是没钱的。20000港币的薪酬，一场台球打下来我也可以完全输光。外面的人想找我拍戏不成，就和我打台球，我输了就要帮别人拍戏，哈哈。有人说我烂赌，其实我只是贪玩，我除了和朋友打麻将外都不赌钱，去赌场马场我都不赌的，我自己养马，它跑赢了我都不知道。

南都娱乐：在光艺14年，多的时候一年拍十几部电影，你心目中的代表作是哪部?

谢贤：我这个人还从来不记事，现在喜欢这两部电影，再过两年，时代不同标准变了，就又是另外的了。20世纪90年代TVB有部电视剧叫《难兄难弟》，我们当年的《难兄难弟》就是秦剑拍的，这部可是经典，我和胡枫还有嘉玲、南红合拍的，后来的电视剧是他们找人扮我，哈哈。还有1968年的《英雄本色》，后来吴宇森他们也按着我们的故事来拍。

南都娱乐：你当时的粉丝多吗，狂热吗？

谢贤：以前的粉丝不像现在这样，到处追着扯衣服啊，抱你啊，他们最多在旁边说，啊，那是谁谁啊。他们觉得偶像是很神圣的，不可触摸。我以前也有影迷会，光艺之友嘛，他们只是寄信来要照片、签名什么的，我就每天回公司签名。近年有次我在君悦酒店喝茶，一个50多岁的部长走过来说，我以前是你粉丝，现在也是，还拿出我在光艺时的签名照片，原来随身带着呢，哇，把我感动坏了！

从电影界到电视圈
“霆锋出生那天整个摄影厂都休息”

黑白片时代结束后，谢贤离开服务了14年的光艺电影公司，天性贪玩的他，真正开始了事业和人生的冒险，跟随李翰祥拍片不顺利，但却一只脚踏入了彩色国语片之中，并在台湾地区巩固了和甄珍刚发展起来的恋情。自认水土不服的他，后来还是回到香港，拍起了嘉禾的港片、TVB的港剧，太太也从甄珍换成了后来的狄波拉，20世纪80年代已经四十不惑的他，经历了人生的丰富复杂和起落多变。

南都娱乐：**你33岁从光艺出来去了台湾跟李翰祥拍戏，事业不顺利，但却有别的收获？**

谢贤：1969年黑白片时代没落，我跟光艺说拍彩色片吧，这是时代潮流啊。但是彩色片成本高，他们始终是生意佬，不肯做。后来两位主事人何氏兄弟死了，交给下面几个儿子掌舵，公司业绩一落千丈。刚好我也约满了，就给李翰祥签了去台湾拍戏，但是那时候李翰祥没有钱，一年都没发我薪水，我在那边待了一年就拍了《缇萦》，是和甄珍拍的。因为那时候我在和她拍拖嘛，所以就顺水推舟和她拍戏了。我们在这部戏前就已经在一起了，我在光艺时很红，她所在的台湾“中影”公司过来拜访，我们就“挞着”（近年粤语形容男女邂逅、触电的潮流语）了。当时我们都是港台最红的，但也没有秘密拍拖啊，不像现在的艺人遮遮掩掩的。

南都娱乐：**后来你回香港在自己的谢氏公司拍戏，明星当家是不是当年的潮流？**

谢贤：我本来和李翰祥签了两年，后来在台湾地区只待了一年，那时经济不好，我在那边租房子、买车，还要拍拖……后来回香港就签了嘉禾，拍了四部戏，又觉得他们没什么前途，我就拍自己谢氏公司的戏，一口气拍了10部。谢氏是我20世纪60年代和别人合开的，有经理替我打点一切，赚钱了就分成，其实我什么都不管，我对赚钱这件事其实没什么概念，我不会赚钱，我只会花钱。但拍那10部戏时赚到钱了，那阵子流行的是武侠片，很少时装片，我自编自导自演的《窄梯》卖了100多万港币，等于现在几千万港币。拍了10部以后，发现市场似乎不那么好，我就去做生意，建房子。后来的新艺城你知道吧？（你说黄百鸣他们？）黄百鸣先走开吧，人家最先是找我加入的，那个龙城戏院的老板我都忘记他叫什么了（应为雷觉坤），找我合开公司搞发行嘛，但我哪有空理他们，我只顾着玩！离婚后我和拉姑拍了拖，又让无线拉过去拍了几年，我也再结了婚，拍着拍着就觉得无线的戏路太差，我见到那个镜头都想吐。

南都娱乐：那时无线也有很精彩的剧集啊，《千王之王》系列不是风靡一时吗？

谢贤：当然很OK啊，我拍这部戏帮无线把丽的（亚视前身）打得落花流水。那时候丽的《大地恩情》很红火，风头盖过了无线，那还得了？我们就拍《千王之王》，当时是白天拍晚上播，拍了两个月，最夸张的一次是我七日七夜没有回过家，最多跟导演请假一小时回去洗澡，然后又回片场大家商量怎么拍，和丽的“打仗”。杨群（饰演北千王卓一夫）和我拍对手戏，看我拍到睡着了，就捅我一下说，到你了。

南都娱乐：1980年拍这部戏时恰好是霆锋出生，当时你岂不是很忙乱？

谢贤：是啊，就是在拍这部戏的时候。我本来住在相思湾的，但因为拉姑怀孕了，为了去医院方便，我们特意搬出来住在沙田。临盆前两天她已经进了法国医院待产，到了生那一天，无线刚好招待40多个记者进片场，因为那天汪明荃第一次化大戏妆，全副行头加上贴片什么的。那天她正在化妆的时候，我在外面坐，忽然接到医院电话：“喂，快点来，生了啊！”我马上脱下戏服，开了车就直奔医院。结果全部记者都跟着我跑了，所以霆锋出生是全香港都知道了的。那天整个摄影厂都休息了，我连导演、监制都没说一声就跑了，汪明荃也没法生气啊，公司后来也一句话都没问我，算是很好的了。那天我是不顾一切，你要告我，要我赔钱，我都是这样的了，这是我第一个儿子啊！

南都娱乐：你和汪明荃这对搭档也很经典，后来也有《万水千

山总是情》，她的认真甚至挑剔也是出名的，有没有矛盾？

谢贤：有什么我们就在片场商量好，不过一般说完我就忘了的，哈哈哈。她也不敢生气，我是前辈嘛。（你在行内还有其他朋友吗？）其实我很少行内的朋友，我很少和这个圈内的人周旋。我看周润发刚出道时拍完戏会和导演、监制聊天，所以他现在和这些人很熟。他可能觉得我是老一辈的，和我出去得尊重我，也不方便，反正我也很少参与，拍完戏就回家，约我的朋友玩。

老花花公子和他的明星家族
“霆锋是我代表作，Lucas必入这行”

这个貌似玩世不恭的老playboy（花花公子），对曾经有过的四段感情直认不讳：第一任女友嘉玲，名气堪比今天的张曼玉，与谢贤有过10年的爱情长跑。萧芳芳这样正派又上进的优质美女明星，当年也被他深深吸引。他前后有过两任妻子，甄珍因与刘家昌婚外恋而伤谢贤最深，两人如今却不再有恩怨。第二任太太狄波拉当年为他诞下谢霆锋、谢婷婷，离婚后再嫁胡须KONG，谢贤现在还常毫不介怀地和他们喝茶。

南都娱乐：你的四段感情都很有名，但为何最后都分手了？

谢贤：我成天被女人甩的，我没有甩过别人，也从来没有劈腿过，都是谈完一个再一个。我最开始和嘉玲谈了10年恋爱，都没有出过轨，我只是扔下她一个人自己出去玩。那时我年轻，社会的五光十色我还没见过，怎么会只对着一个女朋友呢？嘉玲快要金婚纪念了，她说将来要请我，我一定去的，只要她现在过得好，我真的很开心。和萧芳芳在一起的时候，大家的性格真的是太不一样了，她很认真，我很吊儿郎当，但吊儿郎当也没错嘛，我只是过我的人生，也没有得罪别人，如果看不惯、合不来就只能分开了。

南都娱乐：虽然都分手了，但这些前女友和前妻们，好像都还能和你做朋友。

谢贤：男人可以风流，但不可以下流。我用情很专一，因为我是谢贤，违背良心或者辜负别人的事我从来不做，我从来没有有了一个再喜欢另外一个，偷偷和别人幽会。我这个人很贪玩，但我从来不会去伤害别人，说得坦白一点，如果我和这个女孩子在一起，然后又在外面鬼混，惹了病回来传染给她，那怎么解释？但这件事是很容易发生的，就算外面的女人来找我女朋友吵吵闹闹，那又怎么办呢？因为我是谢贤，我不容许这些事发生。如果我们不能在一起了，大家就把话说清楚，和拉姑的分开是这样，和以前的女朋友嘉玲、萧芳芳也好，就算甄珍也是这样。拉姑离开我以后照样和我来往，昨天我才和拉姑夫妇吃饭，别人请客都特意把我们安排在同一桌。甄珍虽然恩怨多一点，但我现在对她也很好。我曾经生过刘家昌的气，但现在我很欣赏他，他没什么绯闻，一直和甄珍这么恩爱。如果是我肯定就不行，如果我老婆现在变得那么胖了，我肯定受不了！即使老婆像天仙那么漂亮，你看久了也会觉得平淡，如果再变成师奶一样，你说怎么上街呢？彼此要有要求嘛。当时是我要求甄珍回香港离婚的，其实一般男人应该会做出超出人性的事，但是我没有，反而是我身边的朋友打抱不平。但想深入一层，如果我抱着她但她的心都不在这里，那不如算了。

南都娱乐：你真的那么专一，一辈子只有四段情？

谢贤：那当然，在中间那些空当，你说我出去鬼混也行，说是需要也行，我是男人嘛，当时也年轻力壮，但那些不是认真的，只是逢场作戏。花花公子有很多种，我是花花世界的花花公子，没有伤害别人的。Playboy其实是一个很好的名誉，在外国是指家境富有、注重衣饰仪容、很懂得享受、很懂应酬、会谈情说爱的男人。男人最重要的是拿得起放得下，也不要去伤害别人。（这些做人的心得，有没有跟霆锋分享过？）也不需要，老爸是怎样的人，儿子也自然会有这些基因的。现在看到他的成熟转变，我真的很安心。刚才你问我代表作，代表作只是人家给你的美誉，一切都是人生的片段，霆锋和婷婷才是我最经典的作品，如果他们现在给别人的印象有60分，我觉得也已经很好了，当然60分是我谦虚而已，哈哈哈。

南都娱乐：现在家中后辈，例如儿女、儿媳甚至孙子都可能比你更红了，心里会有落差吗？

谢贤：我早已经不介怀了，做明星肯定是后浪推前浪的，我不就下来了吗？我下来了，但现在还能站着，有的人下来了以后就自杀了。现在我和时下当红的艺人一起出现时，一帮女粉丝上来和他们拍照，没有叫我，但我无所谓，人们肯定喜欢当红和年轻的嘛。我也有跟霆锋说过，现在红只是过眼云烟，但是他总有办法的，他的思想比我成熟得多。

南都娱乐：当年那么多人报道你儿子出生，你就没有压力吗？就像现在的霆锋，多多少少不想Lucas过度曝光。

谢贤：我在这个圈这么多年了，有什么压力嘛，我现在才有压力呢！因为现在儿子那么有名，女儿也入了这一行，我是不是要做一个规规矩矩的老爸啊，不能老是出去泡妞嘛。（霆锋说过Lucas一出生就被全中国十几亿人关注，也不是件轻松的事情。）没办法，你总要接受现实。你知道现在Lucas出名到什么程度了吗？我在澳洲去超级市场的时候，遇到内地去的女孩子，她们很热情地打招呼："四哥，Lucas有没有来啊？"Lucas有没有来！她们连霆锋也不问，连我也不问，反而问Lucas有没有来。Lucas的名字已经这么响亮了，他将来一定入这一行！他现在对闪光灯很敏感，一放迈克·杰克逊的音乐，他就马上跳舞，根本没有人教他的。他跳完舞，我们都鼓掌啊，但是他不看你，很酷的，哈哈哈，很厉害，有表演欲。在外面有记者拍他，拍完了他自己会说"Bye"。

南都娱乐：经历过娱乐圈和人生不同的阶段，这一刻回头看看，你怎么评价自己？

谢贤：他们说，我一世人有别人三辈子的经历，这是真的。我也算是经典人物了，直到今天还能坐在这里，还没死，哈哈。不要活那么久了，我现在整天想死，因为都没什么发展空间了，我现在70多岁还没老化，但过两年就一年不如一年，我坚持不让自己去想这事，现在有得玩就玩，有得吃就吃。我是一个很放得开的人，没有人能激怒我，我心里没有仇人。你相不相信我没打过架？都没有机会打架，从十几岁开始，我长大后做电影就出名了，我爱惜自己的名声。有人说我是花花公子，我拍戏是演花花公子，我是爱乱说话，不过我没有实践自己的话啊，哈哈。

【记者手记】

迄今为止，谢贤应该是我遇到的最年长的采访对象。这位老playboy，曾被他的老一辈人称为"阿肾"（粤语，疯疯癫癫之意），但他其实特别认真，采访当天准点出现，70多岁的他衣着发型一丝不苟，也没有因为记者是小辈而流露丝毫轻慢。他经常跑步、游泳，每周打高尔夫，去专门的美容中心护理皮肤，作为幕前人而从不允许自己失仪，凡事务必体面，这其实源于他对自己的尊重。

（采写/叶晓萍）

印象：谢贤的邪与不邪

文／柯庆文

谢贤是一个传奇。

但这话既对又不对。谢贤本身未算是大传奇，但若加上他的两任妻子、他的儿女、他的作品，那就是个不折不扣的传奇。

想起谢贤，很多人都觉得，“四哥”好像是邪邪的，但仔细一想，他到底邪在哪里呢?

他好像在影视作品里尽显枭雄本色，极具大佬气质。但是可别忘了，从20世纪60年代到80年代，他都是当红小生范儿，而后来出道的几个帅哥，黄秋生后来变成了杀人魔和大飞哥，秦沛也弃情感而奔奸雄。更别说吴镇宇和梁朝伟这样剑走偏锋的新生代了。

角色上，谢贤出演了萧十一郎、苗人凤、杨铁心、段正淳等众多人前风光，背后苦情的人物，一直到后来《千王之王》、《情陷夜中环》等片子才有机会大奸大恶，可是还是很有保留。所谓“良知未泯”其实冷暖自知。就算在正面角色中也未曾有机会像曾江的“黄老邪”那般桀骜不驯。

那么他是否在生活上有点邪气呢？娶过传统美女，娶过艳星，现在又携手嫩模出双入对，骂过儿媳，骂过媒体，每日扮靓，金链随身，可谓风流不羁。够邪吗?

其实不够，其实很传统。换作你我，也难能像他那样，以自己的地位，能够在浮华美艳的娱乐圈中，一生只对两女许下承诺，而且和狄波拉再见亦是朋友；难能可贵的是将儿子谢霆锋视为生命中最为重要的东西，为曾经的儿媳张柏芝顶着身体不适出演《少林足球》。谢贤说过，如今他四世同堂，有母亲、儿子、女儿，以及孙子，四世同堂，十分幸福。

这是个注重天伦大过一切的男人，无论生活还是演戏，他的角色一直都在和家庭纠葛盘结，不可分割。所谓血浓于水，谢贤用生活加影视作品演绎了这句话。全家都在娱乐圈，所以我们才说这样的家庭真真正正是个传奇。

但是家庭的影响力并非无源之水，谢贤除了以大量的影视剧奠定当红小生的地位和影响力外，自己组建的谢氏兄弟影片公司，以及在20世纪70年代红遍港台的银色鼠队，囊括了陈自强、陈皓、邓光荣、秦祥林、沈殿霞等当时的巨星人物，不但给他带来了人脉，而且也给他带来了一生的好朋友。

如果我们翻开谢贤的作品年表，他主演的电视剧和电影会多得让你咋舌，主演可以说比林雪跑的龙套还多，虽然套路大多都是苦情中挣扎的风云人物，但是剧情大多是贯穿大时代下的大变迁，这也是他广交几乎娱乐圈中的各色人物，影响力渗透范围之广泛的原因。

所以我们说，谢贤并非邪气，他勤力、顾家、爱旅游、爱和老朋友喝茶，非常契合中华民族的传统价值观。至于爱扮靓，爱和年轻女子谈笑，爱放手儿子的教育这些事情，那是因为他毕竟是一个从年轻帅到老的帅哥，风流倜傥是自然属性。人长得帅并不是一种错误。